AF546321

Meine glutenfreien KUCHEN und TORTEN

Tanja Gruber

Meine glutenfreien KUCHEN und TORTEN

Mit Fotos von Frauke Antholz

KNEIPP
VERLAG WIEN

INHALT

VORWORT

Liebe Leserinnen, liebe Leser,

Sie müssen oder wollen ohne Gluten auskommen und haben gerade Appetit auf ein leckeres Stück Kuchen oder eine feine cremige Torte? Wie Sie bestimmt schon festgestellt haben, bringt der Gang zum nächstgelegenen Bäcker in diesem Fall herzlich wenig: In glutenfreier Form sind die süßen Köstlichkeiten kaum zu finden. Und so bleibt einem – um wirklich zu wissen, was drinnen steckt – oft keine andere Wahl, als sich selbst die eine oder andere Leckerei zu zaubern. Aber seien wir mal ehrlich – selbst gebacken schmeckt's ohnehin am besten!

Mein Herz schlägt für Torten, aber auch Kuchen stehen bei mir hoch im Kurs. Und nachdem ich im Jahr 2000 mit der Diagnose „Zöliakie" konfrontiert worden war, machte ich mich – unbedarft, wie ich war – ziemlich schnell ans glutenfreie Backen. Nun, kaum war mein erster Kuchen zubereitet, folgte die große Ernüchterung: Das Ganze war ein voller Misserfolg, staubtrocken und derart bröselig, dass mir die Krümel im wahrsten Sinne des Wortes im Halse stecken blieben. Leider änderte sich das auch in den folgenden Monaten nicht. Das Fatale war, dass ich keinen Schimmer hatte, warum mir meine Kuchen und Torten nicht gelingen wollten. Es gab wenig Information darüber, wie man Gluten ersetzen kann und welche Eigenschaften glutenfreie Mehle aufweisen. Sollte ich nie mehr flaumige Rührkuchen, köstliches Mürbeteiggebäck oder prächtige Torten genießen?

Die Gewissheit, dass mich die Zöliakie mein restliches Leben begleiten würde, ließ mich dennoch nicht aufgeben. Ich testete unentwegt weiter und probierte neue Rezepturen. Es dauerte in der Tat eine ganze Weile, bis sich Licht am Ende des Tunnels zeigte, aber irgendwann war mir mein allererster glutenfreier Kuchen gelungen. Ich freute mich wie ein kleines Kind und feierte das Ereignis wie einen Sieg!

Im Laufe der Zeit lernte ich die Eigenschaften glutenfreier Mehle immer besser kennen und fand heraus, wie ein Teig beschaffen sein muss, um zu tollen Ergebnissen zu führen, und welche speziellen Binde- und Verdickungsmittel Gluten ersetzen könnten. Jedes gelungene und wohlschmeckende Backwerk bedeutete für mich Lebensqualität und Normalität im glutenfreien Alltag.

Heute ist das Backen glutenfreier Spezialitäten eine wahre Freude für mich! Nach Herzenslust bereite ich die leckersten Backwaren in allen möglichen Varianten und Geschmacksrichtungen zu. Und um nichts weniger gerne gebe ich meine Erfahrungen weiter: Lassen Sie sich von meinen Backanregungen anstiften, probieren Sie sich durch die Rezepte und erleben Sie großartige Genussmomente mit köstlichem glutenfreiem Gebäck!

Ich wünsche Ihnen von Herzen viel Freude mit diesem Buch, stets gutes Gelingen und neue Lebensqualität mit Ihren selbst zubereiteten Köstlichkeiten!

Ihre Tanja Gruber

So bäckt sich's mit Freude und mit verträglichen Produkten

Alle Produkte auf Glutenfreiheit prüfen

Listen mit glutenfreien und glutenhaltigen Lebensmitteln bzw. Lebensmitteln, in denen Gluten enthalten sein kann, finden Sie auf den Seiten 155 bis 157. Achten Sie insbesondere bei reinen glutenfreien Mehlen auf das Zeichen der durchgestrichenen Ähre, denn nur dann ist garantiert, dass das Produkt auch wirklich glutenfrei ist. Werden etwa von Natur aus glutenfreie Mehle, wie zum Beispiel Buchweizenmehl, in einer herkömmlichen Mühle verarbeitet, so ist das Endprodukt mit Gluten kontaminiert und für die Ernährung bei Zöliakie keinesfalls geeignet.

Alternativprodukte bei Milcheiweißunverträglichkeit

Alle Rezepte sind mit Alternativzutaten für eine milcheiweißfreie Ernährung versehen. Die Produkte sind jeweils nach dem Schrägstrich bei der milchhaltigen Zutat notiert. Eine umfangreiche Aufstellung zu milcheiweißfreien Ersatzprodukten finden Sie zudem auf Seite 167.

Alternativprodukte bei Nussunverträglichkeit

Wer auf Nüsse oder Mandeln achten muss, kann auf gemahlene Erdmandelflocken zurückgreifen. Diese sind für Nussallergiker bestens geeignet.

Backangaben

Sofern im Rezept nicht anders angegeben, werden die Torten und Kuchen in diesem Buch bei Ober- und Unterhitze sowie auf mittlerer Schiene gebacken.

Glutenfreie Mehlmischungen in den Rezepten

Zur Angabe „glutenfreie Mehlmischung" in den Rezepten finden Sie ab Seite 159 nähere Informationen. Je nach Wunsch kann auf eine selbst hergestellte Mehlmischung oder auf eine Fertigmehlmischung zurückgegriffen werden. Soweit nicht anders angegeben, sind die Rezepte im Buch mit Mehlmischungen auf Maismehlbasis erprobt.

Sahnestandmittel

Gerade zum Verzieren von Torten ist eine formstabile Schlagsahne notwendig. Im Handel sind glutenfreie Sahnestandmittel erhältlich. Sahnesteif kann jedoch auch selbst hergestellt werden. Schlagen Sie beispielsweise 200 ml Sahne mit einer Mischung aus 1 TL Maisstärke und 1 TL Puderzucker fest auf.

Ei-Ersatz

Auch wer Eier nicht verträgt, muss nicht auf süße Backwaren verzichten. Ich empfehle als Alternative ein gutes Ei-Ersatzpulver. Stellen Sie es nach Packungsanleitung her und ersetzen Sie damit die Eier in den Rezepten. Übrigens: Wenn Sie Hühnerei nicht vertragen, kann es durchaus sein, dass Sie Wachteleier vertragen. In den Rezepten können Sie 1 Hühnerei durch 4 Wachteleier ersetzen.

Flohsamenschalen oder Xanthan

Sind beide Produkte separat im Rezept angegeben, brauchen Sie auch beide, um ein gutes Ergebnis zu erzielen. Werden sie jedoch alternativ angeführt, entscheiden Sie selbst, welches Produkt Sie verwenden möchten.

Glutenfreies Mehl zum Bemehlen

Gerade bei Hefe-, Mürbe- und Quark-Öl-Teigen muss man beim Verarbeiten und Ausrollen dafür sorgen, dass der Teig nicht kleben bleibt. Bemehlen Sie also Arbeitsfläche, Teig und Teigrolle stets gut. Verwenden Sie hierzu glutenfreies Mehl Ihrer Wahl. Helles Reismehl ist mein persönlicher Favorit – seine feine Rieselfähigkeit eignet sich besonders gut zum Ausrollen der Teige.

Vorbereiten von Backformen

Für einen Biskuit legen Sie den Boden der Kuchenform mit Backpapier aus und geben Sie den Teig in die Form. Der Springformrand wird nicht gefettet.

Mürbeteig enthält bereits viel Fett und kann direkt in die Kuchenform gegeben werden. Einfetten ist nicht zwingend nötig.

Damit sich Rührkuchen gut aus der Form lösen lassen, sollte diese gut eingefettet und mit glutenfreien Semmelbröseln ausgestreut werden. Bei Kastenformen ist es empfehlenswert, den Boden mit Backpapier auszulegen und lediglich die Seiten mit Fett und Bröseln zu bearbeiten.

Schön belegter Tortenrand

Torten werden gerne mit glutenfreiem Krokant oder Schokostreuseln verziert. Für ein unkompliziertes Anbringen des süßen Dekors nehmen Sie am besten eine halbe Zitrone und drücken diese mit der Schnittfläche in Krokant oder Schokostreusel und anschließend an den Tortenrand. Das süße Dekor „klebt" sogleich fest.

Tipp zur Gelatineherstellung

Damit Gelatine Cremes optimal und klümpchenfrei bindet, sollten einige Punkte beachtet werden.

1. Blattgelatine in kaltem Wasser 10 Min. einweichen.
2. Anschließend ausdrücken und mit der heißen Flüssigkeit (wie im Rezept angegeben) klümpchenfrei verrühren. Gelatine löst sich bei einer Temperatur von etwa 50 °C auf, die heiße Flüssigkeit darf aber bis zu etwa 75 °C heiß sein.
3. Nun 1 EL Creme in das Gelatinewasser einrühren, dann dieses sofort unter die gesamte Creme mischen. Der Vorgang sollte stets zügig vonstattengehen. Ist das Gelatinewasser bereits zu kühl und wird es zu langsam in die Creme gerührt, so geliert die Gelatineflüssigkeit und die Creme wird nicht mehr optimal gebunden. Zudem bilden sich Gelatineklümpchen.

Tipps zu Öl und Fett

Ist im Rezept keine spezielle Ölsorte vermerkt, so eignet sich eine geschmacksneutrale Variante wie Sonnenblumen- oder Olivenöl bestens. Als Fett können in den Rezepten auch Butter, Butterschmalz, Ghee und Kokosfett eingesetzt werden.

Tipp zum Teilen des Biskuits

Damit eine formschöne Torte entsteht, sollten Punkte zum Teilen vom Biskuit beachtet werden. Lassen Sie den glutenfreien Biskuit vollständig auskühlen, bevor dieser geteilt wird. Gerne können Sie Biskuit auch am Vortag herstellen. Lassen Sie diesen komplett auskühlen und geben Sie den ausgekühlten Biskuit über Nacht in eine Tortenbox. Am nächsten Tag die Schnittlinien mit einem Messer mit gezackter Klinge etwa 2–3 cm ringsum einschneiden. Anschließend Zahnseide einlegen und die beiden Enden der Zahnseide zusammenziehen. So erfolgt ein gleichmäßiger und sauberer „Schnitt".

GRUND-REZEPTE

Biskuit für Kuchen

Herrlich softer Grundteig für traditionelle Obstkuchen: Dieser Biskuit ist ein echter Klassiker.

Für 1 Springform
(ø 26 cm)

3 Eier, getrennt
60 g Puderzucker
½ Pkg. Vanillezucker
80 g helle glutenfreie Mehlmischung
1 TL Backpulver

1. Eiweiße mit 30 g Puderzucker fest aufschlagen.
2. Eigelbe mit dem restlichen Puderzucker und Vanillezucker schaumig rühren.
3. Mehlmischung und Backpulver mischen und über die Eigelbmasse sieben, Eischnee ebenfalls zugeben und alles vorsichtig mit dem Schneebesen verrühren. In eine mit Backpapier ausgelegte Springform streichen.
4. Im vorgeheizten Backofen bei 180 °C etwa 10 Min. backen.
5. Biskuit aus der Form lösen, auf ein Kuchengitter stürzen und das Backpapier abziehen. Auskühlen lassen.

Dunkle Variante

Statt 80 g Mehl nur 60 g verwenden und zusätzlich 20 g Kakao zum Mehl mischen.

Biskuit für Torten

Für 1 Springform (*ø 26 cm*)

6 Eier, getrennt
120 g Puderzucker
1 Pkg. Vanillezucker
150 g helle glutenfreie Mehlmischung
3/4 Pkg. Backpulver

Weicher Grundteig für prächtige Torten! Dieser Tortenboden lässt sich bis zu dreimal teilen.

1. Eiweiße mit 60 g Puderzucker fest aufschlagen.
2. Eigelbe mit dem restlichen Puderzucker und Vanillezucker schaumig rühren.
3. Mehlmischung und Backpulver mischen und über die Eigelbmasse sieben, Eischnee ebenfalls zugeben und alles vorsichtig mit dem Schneebesen verrühren. In eine mit Backpapier ausgelegte Springform streichen.
4. Im vorgeheizten Backofen bei 180 °C 35–40 Min. backen.
5. Biskuit aus der Form lösen, auf ein Kuchengitter stürzen und das Backpapier abziehen. Auskühlen lassen.

Dunkle Variante

Statt 150 g Mehl nur 110 g verwenden und zusätzlich 40 g Kakao zum Mehl mischen.

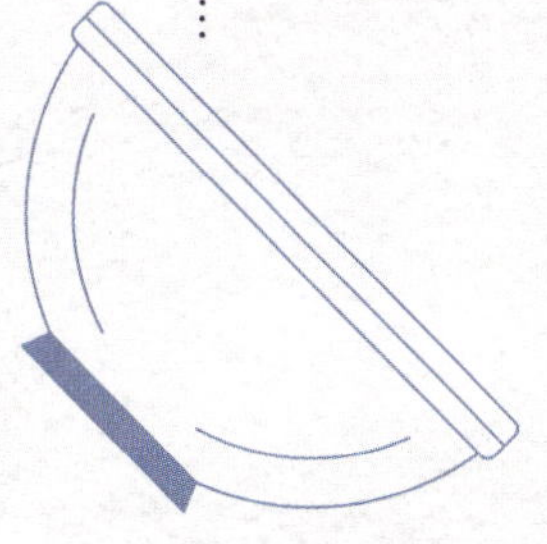

Biskuit für Blechkuchen und Rouladen

Für 1 Backblech
(30 x 40 cm)

5 Eier
100 g Puderzucker
1 Pkg. Vanillezucker
120 g helle glutenfreie Mehlmischung
¾ Pkg. Backpulver

Ein feiner Grundteig für allerfeinste Sahne-, Buttercreme- und Obstschnitten sowie für Biskuitrouladen.

Zubereitung des Teiges siehe „Biskuit für Kuchen" (Seite 16), statt der Springform ein mit Backpapier belegtes Backblech verwenden: Bei 180 °C 12–15 Min. backen. Für Rouladen den Biskuit sofort auf ein sauberes Geschirrtuch stürzen und das Backpapier abziehen. Den Biskuit mitsamt dem Tuch aufrollen und auskühlen lassen. Die ausgekühlte Roulade vorsichtig auseinanderrollen und füllen.

Dunkle Variante

Anstatt 120 g Mehl nur 100 g Mehl verwenden und zusätzlich 30 g Kakao zum Mehl mischen.

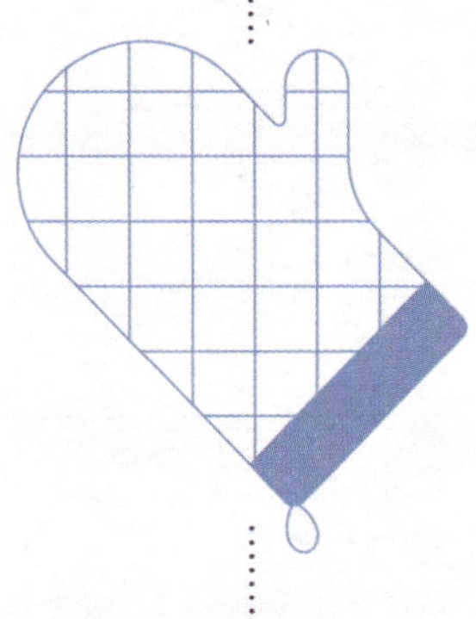

Buchweizenbiskuit für Kuchen

Für 1 Springform
(ø 26 cm)

3 Eier (Gr. M), getrennt
100 g Puderzucker
100 g Buchweizenmehl
1 TL Backpulver

Der aromatische Obstkuchenboden überzeugt durch die fein-herbe Note und eine flaumige Textur.

1. Eiweiße mit 50 g Puderzucker fest aufschlagen.
2. Eigelbe mit 3 EL warmem Wasser und dem restlichen Puderzucker schaumig rühren.
3. Buchweizenmehl mit Backpulver mischen und mit dem Eischnee auf das Eigelbgemisch geben. Alles vorsichtig mit dem Schneebesen verrühren und in eine mit Backpapier ausgelegte Springform streichen. Im vorgeheizten Backofen bei 180 °C etwa 15–20 Min. backen.
4. Den fertigen Biskuit aus der Form nehmen und auf ein Kuchengitter stürzen. Das Backpapier abziehen.

Buchweizenbiskuit für Torten

Die doppelte Zutatenmenge reicht für einen Tortenbiskuit (ø 26 cm). Im vorgeheizten Backofen bei 180 °C etwa 35–40 Min. backen.

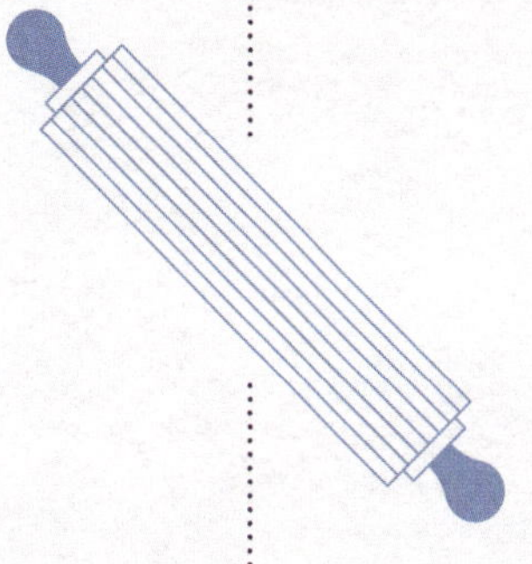

Nuss- und Mandelbiskuit für Torten

Für 1 Springform
(ø 26 cm)

6 Eier (Gr. L), getrennt
120 g Puderzucker
1 Pkg. Vanillezucker
100 g helle glutenfreie Mehlmischung
¾ Pkg. Backpulver
60 g gemahlene Nüsse oder Mandeln*

Flaumig, aromatisch, köstlich: Diese Biskuitvariante verfeinert Torten durch ihre nussige Note.

1. Eiweiße mit 60 g Puderzucker fest aufschlagen.
2. Eigelbe mit dem restlichen Puderzucker und dem Vanillezucker schaumig rühren.
3. Mehlmischung mit Backpulver auf die Eigelbmasse sieben, aber noch nicht verrühren. Nüsse oder Mandeln und Eischnee ebenfalls dazugeben. Nun alles vorsichtig mit dem Schneebesen verrühren und in eine mit Backpapier ausgelegte Springform streichen.
4. Im vorgeheizten Backofen bei 180 °C etwa 35–40 Min. backen.
5. Den fertigen Biskuit aus der Form lösen, das Backpapier abziehen und den Biskuit auf einem Kuchengitter auskühlen lassen.

Nuss- und Mandelbiskuit für Kuchen

Die halbe Zutatenmenge reicht für einen Kuchenbiskuit (ø 26 cm). Im vorgeheizten Backofen bei 180 °C etwa 10–15 Min. backen.

* Tipp für Nussallergiker

Gemahlene Erdmandelflocken statt der Haselnüsse verwenden.

Süßer Hefeteig für Kuchen und Zöpfe

Für 1 Backblech *(30 x 40 cm)* oder 1 großen Hefezopf

450 g helle glutenfreie Mehlmischung
50 g Tapioka- oder Kartoffelstärke
80 g Zucker
2 gestrichene TL Xanthan
1 Pkg. Vanillezucker
1 Prise Salz
1 Würfel Frischhefe oder 2 Pkg. Trockenhefe
250 ml lauwarme **MILCH**, ggf. laktosefrei / **veganer Milchersatz auf Hirse-, Kokos-, Mandel-, Nuss-, Reis- oder Sojabasis***
80 g flüssige **BUTTER**, ggf. laktosefrei / **vegane Margarine**
2 Eier
glutenfreies Mehl für die Arbeitsfläche
FETT für das Backblech, ggf. laktosefrei / **auf Milchbestandteile achten**

* Tipp

Wird ein eher wässriger Milchersatz wie Hirse- oder Reisdrink verwendet, so reduziert sich die vegane Milchersatzmenge auf etwa 225 ml.

Ein Grundrezept für süße Hefeteigbackwaren aller Art, das sicher gelingt! Ideal für Hefekuchen mit Obstbelag, Käsekuchen sowie Nuss-, Mohn- und klassische Hefezöpfe.

1. Mehlmischung, Tapioka- oder Kartoffelstärke, Zucker, Xanthan, Vanillezucker und Salz in eine Rührschüssel geben und mischen.
2. Frisch- oder Trockenhefe in der lauwarmen Milch auflösen.
3. Hefemilch, Butter und Eier zum Mehlgemisch geben und alles zu einem glatten Teig verarbeiten.
4. Den Teig auf einer bemehlten Arbeitsfläche, je nach Rezept, in Form bringen. Wenn er sehr klebrig ist, sehr gut bemehlen. Für Blechkuchen den Teig ausrollen und ein gefettetes Backblech damit auslegen. Für Hefezöpfe oder süße Schnecken den Teig entsprechend formen.
5. Den Teig oder die Teiglinge an einem warmen Ort 45–60 Min. aufgehen lassen, je nach Rezeptangabe.

Backzeit für …

- Hefekuchen mit Obstbelag: bei 190 °C 35–40 Min.
- Käsekuchen auf dem Blech: bei 160 °C etwa 60 Min.
- Hefezopf: bei 190 °C etwa 50 Min.
- süße Schnecken: bei 180 °C 20–25 Min.

Anmerkung

Weitere hilfreiche Informationen zur glutenfreien Hefeteigherstellung gibt's auf Seite 122.

Mürbeteig für Kuchen und Tartes

Für 1 Springform *(ø 26 cm) = 12–14 Stück*

220 g helle glutenfreie Mehlmischung
1 gestrichener TL Xanthan
150 g kalte **BUTTER**, ggf. laktosefrei / **130 g vegane Margarine**
80 g Zucker
1 Ei
1 TL Backpulver
1 Prise Salz

Zarter Grundteig für Tartes, Torteletts und Kuchen wie Käse- und Obstkuchen. Bei glutenfreiem Mürbeteig ist es besonders wichtig, dass die Butter gut gekühlt verarbeitet wird und der Teig im Kühlschrank ruhen kann.

1. Die Mehlmischung in eine Schüssel sieben, Xanthan untermischen. Die kalte Butter in kleinen Flöckchen zum Mehl geben. Die restlichen Zutaten ebenfalls zugeben. Mit kalten Händen rasch zu einem glatten Teig kneten.
2. Den Teig gleichmäßig in einer Form verteilen, ggf. den Rand hochziehen. Im Kühlschrank 30 Min. ruhen lassen, anschließend nach Rezept verarbeiten.

Backzeit für …

- Kuchen: bei 180 °C etwa 45 Min.
- Torteletts: bei 190 °C etwa 10 Min.

Tipp

Durch die Zugabe von Xanthan wird der Mürbeteig formstabiler und bröselt weniger.

Quark-Öl-Teig für Kuchen & Co

Für 1 Backblech *(30 x 40 cm) = 15 Stück*

250 g **QUARK**, 20 % Fett, ggf. laktosefrei / **200 g Seidentofu oder Quarkersatz auf Sojabasis**
6 EL Speiseöl
1 Prise Salz
75 g Zucker
2 Eier
300 g helle glutenfreie Mehlmischung
1 TL Xanthan
1 Pkg. Backpulver

Die schnelle Alternative zu süßem Hefeteig! Grundteig für süßes Kleingebäck sowie Obst-, Käse und Streuselkuchen!

1. Quark, Öl, Salz, Zucker und Eier glatt rühren.
2. Mehlmischung, Xanthan und Backpulver mischen und zur Quarkmasse geben. Alles zu einem glatten Teig kneten – er soll eine weiche, aber formbare Konsistenz aufweisen.
3. Den Teig, je nach Rezept, in die gewünschte Form bringen bzw. auf ein gefettetes oder mit Backpapier ausgelegtes Backblech streichen.

Backzeit für ...

- Streusel- und Obst-Blechkuchen: bei 180 °C 40–45 Min.
- Käsekuchen: bei 180 °C 50–55 Min.
- Kleingebäck: bei 180 °C 20–25 Min.

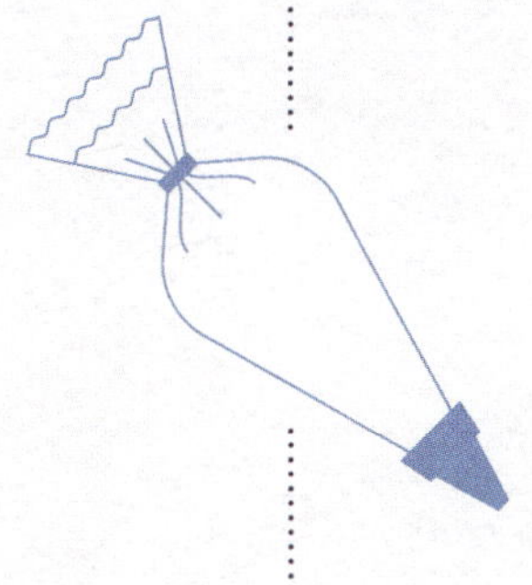

Anmerkung

Die halbe Zutatenmenge reicht für 1 Springform (ø 26 cm).

TORTEN

Zitronen-Nuss-Torte

Für 1 Springform *(ø 26 cm)*

Teig

1 Grundrezept „Nussbiskuit für Torten", siehe Seite 20

Füllung

4 EL Zitronenmarmelade ⁕ 8 Blatt Gelatine ⁕ 300 g **JOGHURT**, ggf. laktosefrei / **Joghurtersatz auf Cashewbasis** ⁕ 135 g Zucker ⁕ 2 Pkg. Vanillezucker ⁕ Saft und Abrieb von 2 Bio-Zitronen ⁕ 600 ml **SAHNE**, ggf. laktosefrei / **aufschlagbarer Sahneersatz auf Mandelbasis**

Dekoration

200 ml **SAHNE**, ggf. laktosefrei / **aufschlagbarer Sahneersatz auf Mandelbasis** ⁕ 1 Pkg. Sahnesteif ⁕ 1 Pkg. Vanillezucker ⁕ 100 g Haselnusskrokant ⁕ 12 Zitronenstückchen ⁕ einige Minzblätter

1. Den Biskuit am Vortag nach Anleitung herstellen, auskühlen lassen und luftdicht verpacken.
2. Am nächsten Tag den Biskuitboden zweimal teilen, den unteren Biskuitboden auf eine Tortenplatte legen und mit einem Tortenring umschließen. Mit 2 EL Zitronenmarmelade bestreichen.
3. Die Gelatine für die Füllung in kaltem Wasser 10 Min. einweichen.
4. Joghurt, Zucker, Vanillezucker, Zitronensaft und -abrieb verrühren. Die Gelatine ausdrücken, in 80 ml heißem Wasser auflösen. 1 EL der Joghurtmasse unter die Gelatine rühren, dann sofort das Gelatinegemisch unter die Joghurtmasse rühren, leicht gelieren lassen.
5. Die Sahne für die Füllung steif schlagen und unter die leicht gelierte Joghurtmasse rühren. Ein Drittel der Creme auf den unteren Biskuitboden streichen. Den mittleren Biskuitboden auflegen, mit der restlichen Zitronenmarmelade bestreichen und ein weiteres Drittel der Creme daraufgeben. Den oberen Biskuitboden auflegen und mit der restlichen Zitronencreme abschließen. Die Torte für mindestens 3 Std., am besten über Nacht, im Kühlschrank ruhen lassen.
6. Den Tortenring entfernen. Die Sahne mit Sahnesteif und Vanillezucker fest aufschlagen. Die halbe Menge in einen Spritzbeutel mit Sterntülle einfüllen. Mit der restlichen Sahne den Tortenrand dünn bestreichen. Mit Krokant belegen.
7. Die Torte mit Sahnetuffs bespritzen und mit Zitronenstückchen und Minzblättern verzieren.

Ananas-Buttercreme-Torte

Für 1 Springform *(ø 26 cm)*

Teig

1 Grundrezept „Mandelbiskuit für Torten", siehe Seite 20

Füllung & Belag

750 ml **MILCH**, ggf. laktosefrei / **Cashewdrink** ⁕ 65 g Zucker ⁕ 2 Pkg. Vanillepuddingpulver ⁕ 1 Dose Ananas (Abtropfgewicht 340 g) ⁕ 350 g zimmerwarme **BUTTER**, ggf. laktosefrei / **300 g vegane Margarine** ⁕ 4 EL Sanddornkonfitüre ⁕ 80 g Mandelblättchen, geröstet

1. Den Biskuit nach Rezept herstellen und auskühlen lassen. Anschließend zweimal teilen, den unteren Tortenboden auf eine Tortenplatte legen und mit einem Tortenring umschließen.

2. 650 ml Milch und Zucker in einen Kochtopf geben und unter Rühren zum Kochen bringen. Restliche Milch und Puddingpulver verrühren, unter die kochende Milch rühren und einmal aufkochen lassen. Topf von der Kochstelle nehmen und den Pudding mit Frischhaltefolie abdecken, damit sich keine Haut bildet. Auskühlen lassen.

3. Abgetropfte Ananas in kleine Stücke schneiden. Für die Dekoration 12 Stücke beiseitelegen.

4. Die Buttercreme zubereiten. Achtung, Butter und Pudding müssen die gleiche Temperatur haben, sonst gerinnt die Creme! Die Butter mit dem Handrührgerät cremig rühren. Nun den Pudding esslöffelweise unter die Butter rühren, sodass eine cremige und gleichmäßige Buttercreme entsteht. 6 EL der Buttercreme in einen Spritzbeutel mit Sterntülle einfüllen und in den Kühlschrank geben.

5. 2 EL Sanddornkonfitüre auf dem unteren Biskuitboden verteilen. Ein Viertel der Buttercreme daraufstreichen und mit der halben Menge Ananas belegen. Den mittleren Biskuitboden auflegen, mit der restlichen Konfitüre bestreichen, ein weiteres Viertel Creme daraufstreichen und mit den restlichen Ananasstücken belegen. Den oberen Biskuitboden auflegen und die Torte oben und ringsum mit der restlichen Buttercreme bestreichen.

6. Buttercremetuffs auf die Torte spritzen und mit Ananasstücken verzieren. Die Torte ringsum mit Mandelblättchen belegen.

Birnen-Mohn-Torte

Für 1 Springform (ø 26 cm)

Teig

1 Grundrezept „Dunkler Biskuit für Kuchen“, siehe Seite 16

Füllung & Belag

1 Dose Birnenhälften (Abtropfgewicht 455 g) ⁎ 2 EL Birnengeist (optional) ⁎ 6 Blatt Gelatine ⁎ 400 ml **SAHNE**, ggf. laktosefrei / **aufschlagbarer Sahneersatz auf Mandelbasis** ⁎ 50 g **MILCH**, ggf. laktosefrei / **Cashewdrink** ⁎ 75 g Zucker ⁎ 1 Eigelb ⁎ 50 g gemahlener Mohn

Dekoration

200 ml **SAHNE**, ggf. laktosefrei / **aufschlagbarer Sahneersatz auf Mandelbasis** ⁎ 1 Pkg. Vanillezucker ⁎ 1 Pkg. Sahnesteif ⁎ 2 TL gemahlener Mohn

1. Den Biskuit nach Rezept herstellen und auskühlen lassen. Anschließend auf eine Tortenplatte legen und mit einem Tortenring umschließen.
2. Für die Birnensahne 3 der abgetropften Birnenhälften pürieren und den Birnengeist zugeben. 4 Blatt Gelatine 10 Min. in kaltem Wasser einweichen, ausdrücken und in 40 ml heißem Wasser auflösen. Sofort unter die pürierten Birnen rühren. 200 ml Sahne steif schlagen und unter das Birnenpüree mischen.
3. 1 Birnenhälfte zur Dekoration beiseitelegen, die anderen auf dem Biskuit verteilen. Die Birnensahne darauf verstreichen und kühl stellen.
4. Für die Mohnsahne Milch mit 2 EL Zucker und dem Eigelb in einem Topf im Wasserbad schaumig aufschlagen. Den Mohn unterheben. 2 Blatt Gelatine 10 Min. in kaltem Wasser einweichen, ausdrücken und in 20 ml heißem Wasser auflösen. Unter die Mohnmasse rühren. 200 ml Sahne steif schlagen und unter die Mohnmasse heben. Torte mit dem Mohnbelag bestreichen und einige Std. kühl stellen.
5. Für die Dekoration Sahne mit Vanillezucker und Sahnesteif fest aufschlagen. Die Torte mit zwei Dritteln der Sahne ringsum bestreichen. Mit der restlichen Sahne Tuffs auf die Torte spritzen. Mit Birnenspalten und Mohn verzieren.

Schwarzwälder Kirschrolle

Für 1 Rolle
(Backblech 30 x 40 cm)

Teig

1 Grundrezept „Dunkler Biskuit für Blechkuchen und Rouladen", siehe Seite 18

Füllung & Belag

1 Glas Sauerkirschen (350 g Abtropfgewicht) ✻ 400 g **SAHNE**, ggf. laktosefrei / **aufschlagbarer Sahneersatz auf Reisbasis** ✻ 2 EL Puderzucker ✻ 2 Pkg. Sahnesteif ✻ 2 EL Kirschwasser ✻ 80 g **SCHOKORASPEL**, ggf. laktosefrei / **auf Milchbestandteile achten, z. B. Zartbitter-Raspel verwenden**

1. Den Biskuit nach Rezept herstellen. Aus dem Ofen nehmen und mithilfe des Backpapiers auf ein sauberes Geschirrtuch stürzen. Das Backpapier abziehen, den Biskuitboden mitsamt dem Geschirrtuch aufrollen und auskühlen lassen.
2. Die Kirschen abtropfen lassen. 5 EL Kirschsaft auffangen und beiseitestellen.
3. Sahne, Puderzucker und Sahnesteif mit dem Handrührgerät fest aufschlagen. 4 EL Sahne in einen Spritzbeutel mit Sterntülle einfüllen und in den Kühlschrank legen.
4. Biskuit auseinanderrollen und mit Kirschsaft und Kirschwasser beträufeln. Etwa zwei Drittel der Sahne auf den Biskuitboden streichen und die Kirschen darauf verteilen. Einige Kirschen zum Verzieren zurückbehalten.
5. Den befüllten Biskuit vorsichtig aufrollen, auf eine Kuchenplatte legen, mit der restlichen Sahne bestreichen und mit Schokoraspeln bestreuen.
6. Sahnetuffs auf die Rolle spritzen und mit Kirschen belegen. Torte bis zum Verzehr kühl stellen.

Nougat-Maracuja-Torte

Für 1 Springform *(ø 26 cm)*

Teig

1 Grundrezept „Dunkler Biskuit für Torten", siehe Seite 17

Nougatfüllung

200 g **NUSS-NOUGAT / auf Milchbestandteile achten** ⁕ 300 g **FRISCHKÄSE**, ggf. laktosefrei / **Frischkäseersatz auf Cashewbasis**

Quarkfüllung

5 Blatt Gelatine ⁕ 300 ml **SAHNE**, ggf. laktosefrei / **aufschlagbarer Sahneersatz auf Reisbasis** ⁕ 400 g **MAGERQUARK**, ggf. laktosefrei / **350 g Quarkersatz auf Sojabasis** ⁕ 75 g Zucker ⁕ 1 Pkg. Vanillezucker ⁕ 1 EL Zitronensaft

Spiegel

3 Blatt Gelatine ⁕ etwa 6 Maracujas (200 g Fruchtfleisch) ⁕ bei Bedarf 2 Pkg. Vanillezucker

Tipp

Wer den Biss der Maracujakerne nicht mag, streicht das Fruchtfleisch durch ein Sieb. Dafür benötigt man allerdings die doppelte Menge an Maracujas.

Die außergewöhnliche Kombination aus süßem Nougat und säuerlichen Maracujas trifft genau meinen Geschmack! Eine echte Gaumenfreude – probieren Sie's aus!

1. Den Biskuit nach Anleitung herstellen und auskühlen lassen. Dann zweimal teilen, den unteren Tortenboden auf eine Tortenplatte legen und mit einem Tortenring umschließen.

2. Für die Nougatfüllung Nougat im Wasserbad schmelzen, dann mit Frischkäse verrühren und auf den unteren Tortenboden streichen. Den mittleren Tortenboden auflegen.

3. Für die Quarkschicht die Gelatine 10 Min. in kaltem Wasser einweichen. Sahne steif schlagen und kühl stellen. Quark, Zucker, Vanillezucker und Zitronensaft verrühren. Gelatine ausdrücken und in 50 ml heißem Wasser auflösen. 1 EL Quarkmasse unter die Gelatine rühren, dann die Gelatineflüssigkeit sofort unter die Quarkmasse rühren. Die Sahne unterheben und die halbe Quarkmasse auf den mittleren Tortenboden geben. Dann den oberen Tortenboden auflegen und die restliche Quarkmasse darauf verteilen. Im Kühlschrank mindestens 3 Std. fest werden lassen.

4. Für den Maracujaspiegel die Gelatine in kaltem Wasser 10 Min. einweichen. Die Maracujas halbieren und das Fruchtfleisch herausnehmen. Gelatine ausdrücken und in 30 ml heißem Wasser auflösen. Sofort unter das Maracuja-Fruchtfleisch rühren. Wer mag, Vanillezucker zugeben. Maracujamasse auf die Torte geben und im Kühlschrank mindestens 2 Std. fest werden lassen.

Schneemoussetorte mit Beeren

Für 1 Springform *(ø 26 cm)*

Teig

125 g **BUTTER**, ggf. laktosefrei / **vegane Margarine** ⁕ 200 g Zucker ⁕ 4 Eier, getrennt ⁕ 135 g helle glutenfreie Mehlmischung ⁕ 2 TL Backpulver ⁕ 40 g **MILCH**, ggf. laktosefrei / **Mandeldrink** ⁕ 65 g Mandelblättchen

Füllung

400 g gemischte Beeren (Heidelbeeren, Himbeeren, Erdbeeren, Brombeeren) ⁕ 400 g **SAHNE**, ggf. laktosefrei / **aufschlagbarer Sahneersatz auf Kokosbasis** ⁕ 2 Pkg. Sahnesteif ⁕ 400 g **QUARK**, 20 % Fett, ggf. laktosefrei / **350 g Quarkersatz auf Sojabasis** ⁕ 65 g Zucker ⁕ 2 Pkg. Vanillezucker ⁕ 1 EL Zitronen- oder Limettensaft

1. Den Boden einer Springform mit Backpapier auskleiden und den Backofen auf 175 °C vorheizen.
2. Für den Teig Butter und 100 g Zucker mindestens 5 Min. schaumig rühren, dann die Eigelbe zugeben und weitere 5 Min. gut rühren. Mehl und Backpulver mischen und mit der Milch unter die Eigelbmasse rühren. Die Hälfte der Masse in die Springform streichen.
3. Die Eiweiße sehr steif aufschlagen. Anschließend 100 g Zucker unter Rühren (Handrührgerät mit Quirlen) einrieseln lassen und eine sehr steife Eischneemasse herstellen. Die halbe Menge Eischnee auf den Teig in der Springform streichen und mit der Hälfte der Mandelblättchen bestreuen. Bei 175 °C im vorgeheizten Backofen 22–24 Min. goldgelb backen. Den fertigen Kuchenboden aus dem Ofen nehmen, mitsamt dem Backpapier auf ein Kuchengitter ziehen und auskühlen lassen.
4. Mit dem restlichen Teig, Eischnee und Mandelblättchen ebenso verfahren. Beide Kuchenböden komplett auskühlen lassen.
5. Wenn Erdbeeren verwendet werden, diese klein schneiden. Sahne und Sahnesteif gut aufschlagen. Quark, Zucker, Vanillezucker und Zitronen- oder Limettensaft verrühren, dann die Schlagsahne unterheben.
6. Einen Kuchenboden vorsichtig mit einem Tortenheber auf eine Tortenplatte legen und die Hälfte der Quarkcreme auf den Kuchenboden streichen. Etwa zwei Drittel der Beeren darauf verteilen, das übrige Drittel für die Dekoration beiseitestellen. Die Beeren mit der restlichen Sahnecreme bedecken. Den zweiten Kuchenboden auflegen und die Torte kühl stellen – am besten sofort, damit die Tortenschichten stabil bleiben.
7. Vor dem Servieren den Tortenrand mit Beeren dekorieren und einige als Topping auf der Torte platzieren.

Tipp

Die Torte schmeckt besonders lecker, wenn sie über Nacht durchziehen kann!

Pfirsich-Sekt-Torte

Für 1 Springform
(ø 26 cm)

Teig

1 Grundrezept „Dunkler Biskuit für Kuchen", siehe Seite 16

Belag

10 Blatt Gelatine ✻ 400 ml **SAHNE**, ggf. laktosefrei / **aufschlagbarer Sahneersatz auf Reisbasis** ✻ 500 g **VANILLEJOGHURT**, ggf. laktosefrei / **Joghurtersatz auf Sojabasis mit Vanillegeschmack** ✻ 200 ml Sekt ✻ 45 g Zucker ✻ 1 Dose Pfirsiche (Abtropfgewicht 470 g)

Dekoration

200 g **SAHNE**, ggf. laktosefrei / **aufschlagbarer Sahneersatz auf Reisbasis** ✻ 1 Pkg. Vanillezucker ✻ 1 Pkg. Sahnesteif ✻ einige Minzblätter

Möchten Sie eine köstliche und zugleich prächtige Festtagstorte zubereiten, dann liegen Sie hier genau richtig! Die erfrischende Sektcreme, der zarte Biskuit und die fruchtigen Pfirsichstücke sorgen für ein herrliches Tortenvergnügen.

1. Den Biskuit nach Rezept herstellen und auskühlen lassen. Dann auf eine Tortenplatte legen und mit einem Tortenring umschließen.
2. Gelatine in kaltem Wasser einweichen. Sahne steif schlagen und kühl stellen. Joghurt, Sekt und Zucker verrühren. Gelatine ausdrücken und in 100 ml heißem Wasser auflösen. Nun 2 EL der Joghurtcreme unter das Gelatinewasser rühren, dann die Gelatinemischung sofort unter die Joghurtcreme rühren. Die Sahne unterheben und die Masse im Kühlschrank leicht gelieren lassen.
3. Unterdessen 1 abgetropfte Pfirsichhälfte für die Dekoration beiseitelegen, die restlichen abgetropften Pfirsiche in Spalten schneiden und auf dem Biskuit verteilen.
4. Die Sektcreme daraufgeben und im Kühlschrank etwa 3 Std. fest werden lassen.
5. Die Sahne für die Dekoration mit Vanillezucker und Sahnesteif fest aufschlagen.
6. Tortenring entfernen und 12 Sahnetuffs auf die Torte spritzen. Vom Pfirsich sehr dünne Streifen abschneiden. Jeden Streifen blütenähnlich einrollen und auf die Sahnetuffs setzen. Zusätzlich je ein Minzblatt neben der Pfirsichblüte anbringen.

Bananen-Quark-Kuppeltorte

Für 1 Springform (ø 26 cm)

Teig

5 Eier ⁕ 200 g Zucker ⁕ 200 g gemahlene Haselnüsse oder Mandeln ⁕ 50 g helle glutenfreie Mehlmischung ⁕ ¾ Pkg. Backpulver ⁕ 100 g **SCHOKOSTREUSEL**, ggf. laktosefrei / **vegane Kuvertüre, geraspelt** ⁕ **FETT** für die Form, ggf. laktosefrei

Füllung

3 EL Aprikosenkonfitüre ⁕ 3–4 reife Bananen ⁕ 400 g **SAHNE**, ggf. laktosefrei / **aufschlagbarer Sahneersatz auf Mandelbasis** ⁕ 2 Pkg. Sahnesteif ⁕ 250 g **QUARK**, 20 % Fett, ggf. laktosefrei / **225 g Quarkersatz auf Sojabasis** ⁕ 2 Pkg. Vanillezucker

Der schmackhafte Haselnussrührkuchen steht im Nu auf dem Tisch. Ein Rezept aus meinen Kindheitstagen – jetzt aber als glutenfreie Variante!

1. Für den Teig Eier und Zucker dick-cremig mit dem Handrührgerät aufschlagen. Nüsse, Mehl, Backpulver und Schokostreusel mischen und zur Schaummasse geben. Alles locker verrühren.

2. Den Teig in eine mit Backpapier ausgelegte und an den Seiten gefettete Springform füllen. Im vorgeheizten Backofen bei 180 °C 35–40 Min. backen. Den fertigen Kuchen in der Form auskühlen lassen, am besten über Nacht.

3. Den Kuchen auf eine Tortenplatte legen und mit einem Esslöffel aushöhlen, bis der Boden etwa 2 cm dick und ein Rand entstanden ist. Kuchenbrösel beiseitestellen.

4. Den Kuchenboden mit Konfitüre bestreichen. Die Bananen halbieren und den Kuchenboden gleichmäßig damit auslegen.

5. Die Sahne mit Sahnesteif fest aufschlagen. Quark und Vanillezucker unterrühren, dann kuppelförmig auf die Bananen streichen.

6. Die Kuchenbrösel gleichmäßig darauf verteilen und leicht andrücken. Die Torte bis zum Verzehr kühl stellen.

Mandarinen-Buttermilch-Torte

Eine meiner liebsten Torten – schmeckt und gelingt immer! Herrlich erfrischend und fruchtig zugleich! Wer kann da widerstehen?

Für 1 Springform *(ø 26 cm)*

Teig

1 Grundrezept „Biskuit für Torten", siehe Seite 17

Füllung

10 Blatt Gelatine ⁕ 500 ml **BUTTERMILCH**, ggf. laktosefrei / **450 g Joghurtalternative auf Mandelbasis** ⁕ 100 g Zucker ⁕ 1 Pkg. Vanillezucker ⁕ 400 ml **SAHNE**, ggf. laktosefrei / **aufschlagbarer Sahneersatz auf Kokosbasis** ⁕ 1 Dose Mandarinen (Abtropfgewicht 175 g)

Dekoration

200 ml **SAHNE**, ggf. laktosefrei / **aufschlagbarer Sahneersatz auf Kokosbasis** ⁕ 1 Pkg. Vanillezucker ⁕ 1 Pkg. Sahnesteif ⁕ 12 Mandarinenspalten, frisch oder aus der Dose ⁕ 100 g glutenfreies Haselnusskrokant

1. Den Biskuit nach Anleitung herstellen und auskühlen lassen. Anschließend zweimal teilen, den unteren Biskuitboden auf eine Tortenplatte legen und mit einem Tortenring umschließen.
2. Gelatine in kaltem Wasser einweichen.
3. Buttermilch, Zucker und Vanillezucker verrühren. Die Gelatine ausdrücken und in 100 ml heißem Wasser auflösen. 2 EL der Buttermilchmischung zur Gelatine rühren, dann die Gelatine sofort unter die Buttermilchmischung rühren. Im Kühlschrank leicht gelieren lassen.
4. Die Sahne steif schlagen und mit den (abgetropften) Mandarinen unter die leicht gelierte Buttermilch heben.
5. Ein Drittel der Creme auf den Biskuit streichen. Den mittleren Biskuit auflegen und das nächste Drittel der Creme darauf verteilen. Nun den obersten Biskuit auflegen und die restliche Creme darauf verteilen. Die Torte 3–4 Std. im Kühlschrank ruhen lassen.
6. Für die Dekoration Sahne mit Vanillezucker und Sahnesteif fest aufschlagen. Zwölf kleine Sahnetuffs auf die Torte spritzen und mit abgetropften Mandarinenspalten dekorieren.
7. Die Torte mit der restlichen Sahne ringsum bestreichen und mit Haselnusskrokant belegen.

Tipp

Für diese Torte eignen sich auch Brombeeren, Heidelbeeren oder klein geschnittene Erdbeeren sehr gut.

Jahreszeitliche TORTEN

FRÜHLING & SOMMER

Himbeertorte

Für 1 Springform *(ø 26 cm)*

Teig

1 Grundrezept „Biskuit für Torten", siehe Seite 17

Füllung

10 Blatt Gelatine ⁕ 350 g Himbeeren, püriert ⁕ 500 g **JOGHURT**, ggf. laktosefrei / **Joghurtersatz auf Sojabasis** ⁕ 80 g Zucker ⁕ 2 Pkg. Vanillezucker ⁕ 200 ml **SAHNE**, ggf. laktosefrei / **aufschlagbarer Sahneersatz auf Reisbasis**

Dekoration

400 ml **SAHNE**, ggf. laktosefrei / **aufschlagbarer Sahneersatz auf Reisbasis** ⁕ 2 Pkg. Sahnesteif ⁕ 2 TL Zucker ⁕ 12 frische Himbeeren ⁕ einige Minzblätter

1. Den Biskuit nach Rezept herstellen. Den fertigen Biskuit aus der Form lösen, auf ein Kuchengitter stürzen und das Backpapier abziehen. Biskuit auskühlen lassen, dann zweimal teilen, den unteren Tortenboden auf eine Tortenplatte legen und mit einem Tortenring umschließen.
2. Für die Füllung die Gelatine in kaltem Wasser etwa 10 Min. einweichen.
3. Himbeerpüree, Joghurt, Zucker und Vanillezucker verrühren. Die Gelatine ausdrücken und in 100 ml heißem Wasser auflösen. 1 EL der Himbeermasse zur Gelatine rühren, dann das Gelatinewasser sofort unter die Himbeermasse rühren.
4. Die Sahne steif schlagen und unter die leicht gelierte Himbeermasse heben.
5. Ein Drittel der Himbeermasse auf dem Tortenboden verteilen. Den mittleren Tortenboden auflegen und ein weiteres Drittel der Himbeermasse daraufgeben. Den oberen Biskuitboden auflegen und die restliche Himbeermasse darauf verstreichen. Einige Std. kühl stellen.
6. Für die Dekoration die Sahne mit Sahnesteif und Zucker fest aufschlagen. Kleine Sahnetuffs am Tortenrand aufspritzen. Auf die Torte 12 Sahnetuffs spritzen und mit Himbeeren und Minzblättern dekorieren. Die Torte bis zum Verzehr kühl stellen.

Rhabarber-Charlotte Royale

Für 1 halbkugelförmige Torte

Teig
1 Grundrezept „Biskuit für Blechkuchen und Rouladen", siehe Seite 18 ⁕ 165 g Aprikosenkonfitüre

Füllung
500 g Rhabarber, geputzt ⁕ 65 g Zucker ⁕ 1 Pkg. Vanillezucker ⁕ 150 ml Apfelsaft ⁕ 8 Blatt Gelatine ⁕ 200 ml **SAHNE**, ggf. laktosefrei / **aufschlagbarer Sahneersatz auf Mandelbasis** ⁕ 200 g **JOGHURT**, ggf. laktosefrei / **Joghurtersatz auf Sojabasis**

Belag & Dekoration
100 g Aprikosenkonfitüre ⁕ 200 ml **SAHNE**, ggf. laktosefrei / **aufschlagbarer Sahneersatz auf Mandelbasis** ⁕ 1 Pkg. Sahnesteif ⁕ 1 Pkg. Vanillezucker ⁕ 2 EL Pistazien, gehackt

Die grandiose Charlotte Royale gleicht einem kleinen Kunstwerk, das ich meinen Gästen immer wieder gerne serviere. Die säuerliche Füllung ist ein Genuss und herrlich erfrischend zugleich!

1. Den Biskuit nach Rezept zubereiten. Noch heiß auf ein sauberes Geschirrtuch stürzen und mitsamt dem Tuch aufrollen. Auskühlen lassen.
2. Die ausgekühlte Biskuitroulade vorsichtig auseinanderrollen und gleichmäßig mit 165 g Aprikosenkonfitüre bestreichen. Anschließend aufrollen und etwa 1 cm dicke Scheiben abschneiden. Eine 3-Liter-Schüssel gleichmäßig damit auskleiden – zwei Drittel der Rolle sollten dafür ausreichen. Die Biskuitscheiben bis 4 cm unter den Rand schichten und mit einem Messer begradigen.
3. Für die Füllung Rhabarber in 1 cm breite Stücke schneiden. Mit Zucker und Vanillezucker in einen Kochtopf geben, mischen und 15 Min. ziehen lassen. Anschließend Apfelsaft zugeben und in etwa 15 Min. weich kochen, dann pürieren.
4. Unterdessen die Gelatine 10 Min. in kaltem Wasser einweichen. Ausdrücken und im heißen Püree auflösen. Das Püree unter Rühren auskühlen, aber nicht gelieren lassen.
5. Die Sahne steif schlagen und mit Joghurt unter das Püree rühren. Die Masse in die Schüssel einfüllen und die restlichen Biskuitscheiben darauf verteilen.
6. Die Torte im Kühlschrank mindestens 3 Std. fest werden lassen, am besten über Nacht.
7. Dann die Torte auf eine Tortenplatte stürzen. Aprikosenkonfitüre in einem Topf erwärmen, dann durch ein Sieb streichen. Die Tortenoberfläche dünn und gleichmäßig mit dem Aprikosengelee bepinseln.
8. Sahne, Sahnesteif und Vanillezucker fest aufschlagen. Sahnetuffs entlang des Tortenrandes auf die Tortenplatte spritzen und mit gehackten Pistazien bestreuen.

Mohn-Erdbeer-Torte

Für 1 Springform
(ø 26 cm)

Biskuit

5 Eier (Gr. L), getrennt ⁕ 100 g Puderzucker ⁕ 1 Pkg. (250 g) feuchte glutenfreie **MOHNFÜLLUNG**, ggf. laktosefrei / **auf Milchbestandteile achten** ⁕ 100 g helle glutenfreie Mehlmischung ⁕ 2 TL Backpulver

Füllung

10 Blatt Gelatine ⁕ 600 g frische oder Tiefkühl-Erdbeeren ⁕ 100 g Zucker ⁕ 300 g **JOGHURT**, ggf. laktosefrei / **Joghurtersatz auf Sojabasis** ⁕ 1 TL Abrieb von 1 Bio-Zitrone ⁕ 400 ml **SAHNE**, ggf. laktosefrei / **aufschlagbarer Sahneersatz auf Kokosbasis**

Dekoration

200 ml **SAHNE**, ggf. laktosefrei / **aufschlagbarer Sahneersatz auf Kokosbasis** ⁕ 1 Pkg. Sahnesteif ⁕ 1 Pkg. Vanillezucker ⁕ 60 g Mandelblättchen, geröstet ⁕ 6 frische Erdbeeren

1. Die Eiweiße für den Biskuit mit 50 g Puderzucker fest aufschlagen. Die Eigelbe mit dem restlichen Puderzucker schaumig rühren, dann die Mohnfüllung unterrühren. Mehl und Backpulver mischen und auf die Eigelbmasse sieben, Eischnee ebenfalls daraufgeben und nun alle Komponenten vorsichtig mit dem Schneebesen vermengen. Den Teig in eine mit Backpapier ausgelegte Springform streichen. Im vorgeheizten Backofen bei 180 °C 35–40 Min. backen. Aus der Form lösen, auf ein Kuchengitter stürzen und das Backpapier abziehen. Den Biskuit auskühlen lassen.
2. Den Biskuitboden zweimal teilen. Den unteren Biskuitboden auf eine Tortenplatte legen und mit einem Tortenring umschließen.
3. Für die Erdbeerfüllung die Gelatine in kaltem Wasser einweichen. Erdbeeren pürieren und mit Zucker, Joghurt und Zitronenabrieb verrühren. Die Gelatine ausdrücken und in 100 ml heißem Wasser auflösen. 1 EL Erdbeermasse unter die Gelatine rühren, dann sofort das gesamte Gelatinegemisch unter die Erdbeermasse rühren und diese leicht gelieren lassen.
4. Die Sahne steif schlagen und unter die Erdbeermasse heben.
5. Ein Drittel der Erdbeercreme auf den Biskuitboden streichen. Den zweiten Boden auflegen und mit dem nächsten Drittel Creme bedecken. Anschließend den oberen Biskuitboden auf die Creme legen und die restliche Creme darauf verteilen. Die Torte über Nacht im Kühlschrank ruhen lassen.
6. Am nächsten Tag die Sahne mit Sahnesteif und Vanillezucker fest aufschlagen. Ein Viertel der Schlagsahne in einen Spritzbeutel mit Sterntülle füllen und in den Kühlschrank legen.
7. Die Torte mit der restlichen Sahne ringsum bestreichen und mit Mandelblättchen entlang des Randes belegen.
8. 12 Sahnetuffs auf die Torte spritzen und mit halbierten Erdbeeren belegen.

HERBST & WINTER

Baumkuchen-Preiselbeer-Torte

Für 1 Springform *(ø 26 cm)*

Teig

FETT für die Form, ggf. laktosefrei / **auf Milchbestandteile achten** ⁕ 6 Eier (Gr. L), getrennt ⁕ 100 g Zucker ⁕ 200 g weiche **BUTTER**, ggf. laktosefrei / **180 g vegane Margarine** ⁕ 150 g Marzipanrohmasse, klein gewürfelt ⁕ 80 g Puderzucker ⁕ 1 Pkg. Vanillezucker ⁕ 1 Prise Salz ⁕ 1 EL Rum (optional) ⁕ 120 g helle glutenfreie Mehlmischung

Füllung

6 Blatt Gelatine ⁕ 220 g gesüßte Preiselbeeren im Glas ⁕ 250 g **JOGHURT**, ggf. laktosefrei / **Joghurtersatz auf Cashewbasis** ⁕ 250 g **FRISCHKÄSE**, ggf. laktosefrei / **Frischkäseersatz auf Sojabasis** ⁕ 1 Pkg. Vanillezucker ⁕ 200 ml **SAHNE**, ggf. laktosefrei / **aufschlagbarer Sahneersatz auf Reisbasis**

Glasur

150 g **ZARTBITTERKUVERTÜRE** / **vegane Kuvertüre** ⁕ 1 TL Kokosfett

Dekoration

einige Physalis ⁕ einige Scheiben Sternfrucht ⁕ 2 EL Granatapfelkerne

1. Den Backofengrill auf 250 °C aufheizen. Eine Springform mit Backpapier auslegen, den Rand einfetten.
2. Die Eiweiße steif schlagen, dann den Zucker unter Rühren einrieseln lassen und eine sehr feste Eischneemasse herstellen.
3. Butter, Marzipanrohmasse, Puderzucker, Vanillezucker, Salz, Rum und Eigelbe in eine Rührschüssel geben und zu einer cremig-geschmeidigen Masse rühren.
4. Mehl auf die Buttermasse sieben und zusammen mit dem Eischnee unterheben.
5. 2 gehäufte EL Teig gleichmäßig in die Springform streichen und für 90 Sekunden grillen. So fortfahren, bis der Teig aufgebraucht ist. Den Baumkuchen in der Form etwas abkühlen lassen, dann aus der Form lösen, auf ein Kuchengitter stürzen und komplett auskühlen lassen.
6. Den ausgekühlten Baumkuchen einmal mittig teilen, die untere Hälfte auf eine Tortenplatte legen und mit einem Tortenring umschließen.
7. Für die Füllung die Gelatine in kaltem Wasser etwa 10 Min. einweichen. Preiselbeeren, Joghurt, Frischkäse und Vanillezucker verrühren. Die Gelatine ausdrücken und in 80 ml heißem Wasser auflösen. 1 EL der Masse zur Gelatine rühren, dann das Gelatinewasser sofort unter die Masse rühren. Die Sahne steif schlagen und unter die leicht gelierte Preiselbeermasse heben. Auf den unteren Baumkuchen geben und den oberen Baumkuchen auflegen. Im Kühlschrank mindestens 3 Std. fest werden lassen.
8. Zartbitterkuvertüre und Kokosfett im Wasserbad schmelzen und auf den Baumkuchen geben. Die Kuvertüre mithilfe eines Löffels am Rand etwas heruntertropfen lassen.
9. Sofort Physalis und Sternfruchtscheiben mittig auf den Kuchen geben. Mit einigen Granatapfelkernen bestreuen.

Tipp

Baumkuchen braucht etwas Zeit, damit sich das volle Aroma entfaltet. So darf der ungefüllte Baumkuchen gerne 1–2 Tage vorher zubereitet werden.

Feigen-Walnuss-Torte

Für 1 Springform (*ø 26 cm*)

Teig

4 Eier, getrennt ✻ 60 g Rohrohrzucker ✻ 50 g weiche **BUTTER**, ggf. laktosefrei / **vegane Margarine** ✻ 200 g gemahlene Walnüsse ✻ 150 g **VOLLMILCH-SCHOKOSTREUSEL**, ggf. laktosefrei / **vegane Kuvertüre, geraspelt** ✻ 1 TL Backpulver ✻ je 1 Prise Salz, Nelkenpulver, Zimt, Muskat

Krokant

25 g Rohrohrzucker ✻ ½ EL **BUTTER**, ggf. laktosefrei / **vegane Margarine** ✻ 50 g ganze Walnüsse

Creme

400 g **SAHNE**, ggf. laktosefrei / **aufschlagbarer Sahneersatz auf Reisbasis** ✻ 3 Pkg. Sahnesteif ✻ 500 g **MAGERQUARK**, ggf. laktosefrei / **400 g Quarkersatz auf Sojabasis** ✻ 65 g Puderzucker ✻ 2 Pkg. Vanillezucker ✻ 1 TL Abrieb von 1 Bio-Zitrone

Außerdem

2 frische Feigen

Tipp

Wer mag, kann den Kuchenboden mit etwas Walnusslikör tränken.

Verschiedene Aromen sorgen für ein grandioses Geschmackserlebnis – mit dem Walnusskrokant als i-Tüpfelchen! Der feine Crunch passt perfekt zum Schoko-Walnuss-Rührteig, der zarten Quarkcreme und den süßen Feigen.

1. Für den Teig die Eiweiße mit 30 g Rohrohzucker zu steifem Schnee schlagen. Kühl stellen.
2. Eigelbe, Butter und restlichen Rohrohrzucker dick-cremig rühren.
3. Walnüsse, Schokostreusel, Backpulver, Salz, Nelkenpulver, Zimt und Muskat mischen und mit dem Eischnee auf die Eigelbmasse geben. Alles vorsichtig zu einer gleichmäßigen und luftigen Masse verrühren.
4. Den Teig in eine mit Backpapier ausgelegte Springform einfüllen und im vorgeheizten Backofen bei 180 °C 30–35 Min. backen. Aus der Form nehmen, auf ein Kuchengitter stürzen und auskühlen lassen.
5. Unterdessen den Walnusskrokant herstellen. Rohrohrzucker und Butter in einer beschichteten Pfanne karamellisieren lassen. Walnüsse untermischen. Die Masse auf einem mit Backpapier ausgelegten Backblech dünn ausstreichen und abkühlen lassen. Anschließend zerbröseln.
6. Für die Creme Sahne mit Sahnesteif fest aufschlagen. Achtung, durch die große Menge Sahnesteif kann dies etwas schneller gehen! Quark, Puderzucker, Vanillezucker und Zitronenabrieb in eine Rührschüssel geben und zu einer gleichmäßigen Masse verrühren, Sahne unterheben.
7. Den Kuchenboden auf eine Tortenplatte legen. Die Creme in einen Spritzbeutel mit Lochtülle füllen und große Tupfen auf den Kuchen aufspritzen. Die Feigen in dünne Spalten schneiden und auf der Creme verteilen. Mit Walnusskrokant bestreuen.

Orangen-Schokoladen-Torte

Für 1 Springform *(ø 26 cm)*

Teig

150 g **ZARTBITTERSCHOKOLADE**, ggf. laktosefrei / **vegane Kuvertüre** ⁕ 150 g weiche **BUTTER**, ggf. laktosefrei / **vegane Margarine** ⁕ 150 g Puderzucker ⁕ 1 Pkg. Vanillezucker ⁕ 8 Eier (Gr. M), getrennt ⁕ 25 g Puderzucker ⁕ 145 g helle glutenfreie Mehlmischung ⁕ 1 TL Backpulver ⁕ 6 EL Orangensaft oder 3 EL Saft und 3 EL Orangenlikör ⁕ 100 g Orangenmarmelade

Orangenfüllung

525 ml Orangensaft ⁕ 1 EL Puderzucker ⁕ 1½ Pkg. Vanillepuddingpulver

Mascarponecreme

5 Blatt Gelatine ⁕ 500 g **MASCARPONE**, ggf. laktosefrei / **Schmandersatz auf Sojabasis** ⁕ 2 TL Abrieb von 1 Bio-Orange ⁕ 45 g Zucker ⁕ 1 Pkg. Vanillezucker ⁕ 200 ml **SAHNE**, ggf. laktosefrei / **aufschlagbarer Sahneersatz auf Reisbasis**

Dekoration

150 g **ZARTBITTERKUVERTÜRE**, ggf. laktosefrei / **vegane Kuvertüre** ⁕ 1 EL Kokosöl ⁕ 50 g glutenfreier Krokant ⁕ 1 EL Abrieb von 1 Bio-Orange

1. Die Schokolade für den Teig im heißen Wasserbad schmelzen. Butter, 150 g Puderzucker und Vanillezucker schaumig rühren. Nach und nach die Eigelbe und dann die geschmolzene Schokolade unterrühren.
2. Die Eiweiße steif schlagen, den Puderzucker dabei einrieseln lassen. Den festen Eischnee auf die Schokomasse geben. Mehl mit Backpulver ebenfalls zugeben und verrühren.
3. Den Teig in eine mit Backpapier ausgelegte Springform füllen und im vorgeheizten Backofen bei 170 °C 65–75 Min. backen. Während der ersten 10 Min. einen Kochlöffelstiel in der Backofentüre einklemmen. Den fertigen Kuchen aus dem Ofen nehmen, etwas abgekühlt aus der Form lösen und auf einem Kuchengitter auskühlen lassen.
4. Anschließend zweimal teilen. Den unteren Kuchenboden auf eine Tortenplatte legen, mit einem Tortenring umschließen und mit 3 EL Orangensaft oder Saft-Likör-Mischung tränken.
5. Für die Füllung 150 ml des Orangensaftes mit Puderzucker und Puddingpulver verrühren. Restlichen Orangensaft zum Kochen bringen, das Puddingpulvergemisch zugeben und einmal aufkochen lassen. Den Orangenpudding noch heiß auf den Kuchenboden streichen. Den mittleren Kuchenboden auflegen und auskühlen lassen. Anschließend mit 3 EL Orangensaft oder Saft-Likör-Mischung tränken und mit der Orangenmarmelade bestreichen.
6. Für die Creme die Gelatine in kaltem Wasser etwa 10 Min. einweichen. Mascarpone, Orangenabrieb, Zucker und Vanillezucker glatt rühren. Die Sahne steif schlagen. Gelatine ausdrücken und in 50 ml heißem Wasser auflösen. 1 EL der Mascarponemasse unter die Gelatine rühren, dann das Gemisch sofort unter die Mascarponemasse rühren. Die Sahne unter die Masse heben. Die Creme auf den mittleren Kuchenboden streichen, den oberen Tortenboden auflegen und die Torte 2–3 Std. im Kühlschrank fest werden lassen.
7. Zartbitterkuvertüre und Kokosöl im Wasserbad schmelzen. Auf der Tortenoberfläche verteilen und den Oberflächenrand mit Krokant und Orangenabrieb bestreuen.

Pflaumen-Kakaocreme-Torte

Für 1 Springform
(ø 26 cm)

Biskuit

6 Eier (Gr. L), getrennt * 120 g Puderzucker * 1 Pkg. Vanillezucker * 110 g helle glutenfreie Mehlmischung * 20 g ungesüßtes Kakaopulver * 1½ TL Lebkuchengewürz * ½ Pkg. Backpulver

Creme

725 ml **MILCH**, ggf. laktosefrei / **Mandeldrink** * 75 g Schokoladenpuddingpulver * 75 g Zucker * 300 g **BUTTER**, ggf. laktosefrei / **250 g vegane Margarine**

Füllung

1 Glas Pflaumen (Füllmenge 680 g) * 1 Pkg. Vanillepuddingpulver

Dekoration

60 g **VOLLMILCH-SCHOKOSTREUSEL**, ggf. laktosefrei / **vegane Kuvertüre, geraspelt** * 14 Physalis * 1 Prise Zimt

Tipp

Für eine besonders weihnachtliche Dekoration kleine und große Sterne aus geschmolzener Zartbitterkuvertüre auf einen Backpapierabschnitt spritzen. Hierzu die geschmolzene Kuvertüre in einen Gefrierbeutel geben und eine sehr kleine Spitze vom Beutel abschneiden. Die Schokosterne trocknen lassen und mittig auf der Torte platzieren.

1. Für den Biskuit die Eiweiße mit 60 g Puderzucker sehr steif schlagen. Eigelbe mit dem restlichen Puderzucker und Vanillezucker dick-cremig rühren. Mehl, Kakao, Lebkuchengewürz und Backpulver auf die Eigelbmasse sieben und vorsichtig mit dem Eischnee vermengen. Den Teig in eine mit Backpapier ausgelegte Springform füllen und bei 180 °C etwa 35 Min. backen.
2. Den fertigen Biskuit aus der Form lösen, Backpapier abziehen. Biskuit auf einem Kuchengitter auskühlen lassen. Dann zweimal teilen, den unteren Biskuit auf eine Tortenplatte legen und mit einem Tortenring umschließen.
3. Für die Buttercreme aus Milch, Puddingpulver und Zucker einen Pudding kochen. Noch heiß mit Klarsichtfolie abdecken. Den Pudding komplett erkalten lassen.
4. Für die Pflaumenfüllung die Pflaumen mit Saft in einen Kochtopf geben und das Puddingpulver klümpchenfrei einrühren. Alles zusammen unter Rühren aufkochen, noch heiß auf dem unteren Biskuitboden verteilen, dann den mittleren Biskuitboden auflegen. Die Pflaumenfüllung komplett auskühlen lassen, etwa 2 Std., dann den Tortenring entfernen.
5. Butter für die Buttercreme mit dem Handrührgerät schaumig rühren. Den Pudding löffelweiße dazugeben und jeweils gut unterrühren. Wichtig: Pudding und Butter müssen die gleiche Temperatur haben, sonst gerinnt die Creme! Etwa 300 g Creme in einen Spritzbeutel mit Sterntülle einfüllen und in den Kühlschrank legen.
6. Gut ein Drittel der Buttercreme auf den mittleren Biskuitboden streichen, den oberen Biskuitboden auflegen und ein weiteres Drittel Buttercreme gleichmäßig daraufstreichen. Mit der restlichen Buttercreme die Torte ringsum bestreichen.
7. Kleine Buttercremetuffs entlang des Randes der Tortenoberfläche aufspritzen und größere Tuffs mittig platzieren. Mit Physalis belegen.
8. Den Tortenrand mit Schokostreuseln belegen. Die Torte mittig mit einem Hauch Zimt bestäuben.

TORTEN

für besondere Anlässe

GEBURTSTAG

Zum Geburtstag

Fondant-Buttercreme-Torte

Für 1 Springform (ø 20 cm)

Biskuit

4 Eier, getrennt ⁕ 80 g Puderzucker ⁕ 1 Pkg. Vanillezucker ⁕ 100 g helle glutenfreie Mehlmischung ⁕ ½ Pkg. Backpulver

Füllung

150 g Sauerkirschkonfitüre ⁕ 300 g zimmerwarme **BUTTER**, ggf. laktosefrei / **250 g vegane Margarine** ⁕ 500 g Puderzucker ⁕ Mark von 1 Vanilleschote ⁕ 15 ml heißes Wasser

Dekoration

etwa 350 g weißer Fondant

Tipp

Die Buttercremetorte ist ein ideales Grundrezept für prächtig dekorierte Fondanttorten! Auf Wunsch kann dieses Basisrezept für Hochzeits- und Geburtstagstorten dienen.

1. Eiweiße mit 40 g Puderzucker fest aufschlagen. Eigelbe mit dem restlichen Puderzucker und Vanillezucker schaumig rühren. Mehl und Backpulver mischen und über die Eigelbmasse sieben, Eischnee ebenfalls zugeben und alles vorsichtig mit dem Schneebesen verrühren. In eine mit Backpapier ausgelegte Springform streichen und im vorgeheizten Backofen bei 180 °C 25–30 Min. backen. Fertigen Biskuit aus der Form lösen, auf ein Kuchengitter stürzen und das Backpapier abziehen. Auskühlen lassen.
2. Dann den Biskuit zweimal teilen, den unteren Biskuitboden auf eine Tortenplatte legen. Mit 75 g Sauerkirschkonfitüre bestreichen.
3. Für die Buttercreme Butter einige Min. luftig aufschlagen. Gesiebten Puderzucker und Vanillemark zugeben und eine klümpchenfreie Creme herstellen. Nun das heiße Wasser zufügen und etwa 5 Min. auf höchster Stufe aufschlagen. Ist die Buttercreme für die Weiterverarbeitung zu weich, einige Zeit im Kühlschrank ruhen lassen. Ist sie zu fest, wenig heißes Wasser zugeben und erneut aufschlagen.
4. Ein Viertel der Buttercreme auf den Biskuitboden streichen. Den mittleren Biskuitboden auflegen, mit der restlichen Konfitüre bestreichen und ein weiteres Viertel Buttercreme daraufgeben.
5. Den oberen Biskuitboden auflegen, komplett und gleichmäßig mit der restlichen Buttercreme bestreichen.
6. Fondant zwischen zwei Frischhaltefolien ausrollen und die Torte damit überziehen. Wenn nötig, abstehenden Fondant wegschneiden.

Schokoladentorte „Candy Cake“

Für 1 Torte
(ø 18 cm)

Teig für zwei Kuchen

150 g **ZARTBITTERSCHOKOLADE**, ggf. laktosefrei / **vegane Kuvertüre** ⁕ 150 g weiche **BUTTER**, ggf. laktosefrei / **vegane Margarine** ⁕ 175 g Puderzucker ⁕ 1 Pkg. Vanillezucker ⁕ 8 Eier (Gr. M), getrennt ⁕ 145 g helle glutenfreie Mehlmischung ⁕ 1 TL Backpulver

Füllung

300 g **FRISCHKÄSE**, ggf. laktosefrei / **Frischkäseersatz auf Cashewbasis** ⁕ 300 g **SCHOKOCREME**, ggf. laktosefrei / **vegane Schokocreme** ⁕ 200 g **SAHNE**, ggf. laktosefrei / **aufschlagbarer Sahneersatz auf Kokosbasis** ⁕ 1 Pkg. Sahnesteif

Dekoration & Glasur

150 g **ZARTBITTERSCHOKOLADE**, ggf. laktosefrei / **vegane Kuvertüre** ⁕ 1 TL Kokosfett

Außerdem

glutenfreie **SÜSSWAREN NACH WAHL: SCHOKORIEGEL, MACARONS, PRALINEN, KEKSE, ZUCKERPERLEN**, ggf. laktosefrei / **auf Milchbestandteile achten**

1. Die Kuchen am Vortag herstellen. Dafür die Schokolade im heißen Wasserbad schmelzen und beiseitestellen. Butter, 150 g Puderzucker und Vanillezucker weiß-schaumig rühren. Nach und nach die Eigelbe unterrühren und dann die geschmolzene Schokolade untermengen. Die Eiweiße steif schlagen, den restlichen Puderzucker dabei einrieseln lassen. Eischnee und gesiebtes Mehl mit Backpulver auf die Schoko-Schaummasse geben und alles vorsichtig mit dem Schneebesen verrühren.
2. Den Teig halbieren. Jede Hälfte in eine mit Backpapier ausgelegte Springform füllen und im vorgeheizten Backofen bei 170 °C 45–50 Min. backen. Während der ersten 10 Min. die Backofentüre einen Spalt offen lassen, hierzu einen Kochlöffelstiel in der Backofentüre einklemmen. Mittels Stäbchenprobe testen, ob der Kuchen durchgebacken ist.
3. Fertige Kuchen aus dem Ofen nehmen, kurz abkühlen lassen, dann auf ein Kuchengitter stürzen. Das Backpapier abziehen und die Kuchen auskühlen lassen. Über Nacht in einer Kunststoffbox aufbewahren. Am nächsten Tag jeden Kuchen zweimal teilen. Einen Kuchenboden auf eine Tortenplatte legen.
4. Für die Füllung Frischkäse und Schokocreme verrühren. Sahne mit Sahnesteif fest aufschlagen. Die Sahne vorsichtig unter die Frischkäsemasse heben. Ein Sechstel der Creme auf den Kuchenboden streichen, dann den nächsten Kuchenboden auflegen und ein weiteres Sechstel der Creme darauf verteilen. So fortfahren, bis die Kuchenböden aufgebraucht sind. Mit der restlichen Creme die Torte ringsum dünn bestreichen. Hierzu eignet sich eine Teigkarte sehr gut. Die Torte für 2 Std. im Kühlschrank ruhen lassen.
5. Zartbitterschokolade im Wasserbad schmelzen und das Kokosfett gut unterrühren. Den Guss auf die Torte geben, dabei mithilfe eines Löffels seitlich etwas herunterlaufen lassen. Der Guss darf hierbei nur minimal lauwarm sein, sonst läuft er am Tortenrand zu weit nach unten. Bei Bedarf etwas abkühlen lassen.
6. Die Torte sofort mit Süßwaren nach Herzenslust belegen.

Letter Cake

Für 1 großen Buchstaben oder 2 kleine Buchstaben

Teig

1 Grundrezept „Biskuit für Blechkuchen und Rouladen", siehe Seite 18

Creme

400 g **SAHNE**, ggf. laktosefrei / **aufschlagbarer Sahneersatz auf Mandelbasis** ⁕ 3 Pkg. Sahnesteif ⁕ 500 g **MAGERQUARK**, ggf. laktosefrei / **450 g Quarkersatz auf Sojabasis** ⁕ 65 g Puderzucker ⁕ 1 Pkg. Vanillezucker ⁕ etwas Abrieb von 1 Bio-Zitrone

Füllung

½ Glas Sauerkirschen (Abtropfgewicht ganzes Glas 350 g), alternativ andere Früchte oder Beeren

Dekoration

glutenfreie **SCHOKOLADENHERZEN UND PRALINEN**, ggf. laktosefrei, glutenfreie **BREZELN**, **ESSBARE BLÜTEN**, glutenfreie bunte **ZUCKERSTREUSEL** / **auf Milchbestandteile achten**

Meine liebste Torte für besondere Anlässe! Der Letter Cake lässt sich nach Herzenslust verzieren und kommt immer gut an.

1. Den Biskuit nach Rezept auf einem Backblech (30 x 40 cm) herstellen. Auf ein sauberes Geschirrtuch stürzen und komplett auskühlen lassen.

2. Unterdessen eine Schablone mit dem gewünschten Buchstaben (oder den gewünschten Buchstaben) aus Karton herstellen – die Buchstaben sollen in doppelter Ausführung auf der Biskuitplatte Platz haben. Die Schablone auf dem Biskuit platzieren und jeden Buchstaben in zweifacher Ausführung mit einem Messer entlang der Außenkanten ausschneiden. Jeweils einen davon auf eine Kuchenplatte legen.

3. Für die Creme Sahne und Sahnesteif fest aufschlagen. Achtung, durch die große Menge Sahnesteif kann dies schnell gehen! Quark, Puderzucker, Vanillezucker und Zitronenabrieb in eine Rührschüssel geben und zu einer gleichmäßigen Masse verrühren, Sahne unterheben.

4. Die Creme in einen Spritzbeutel mit großer Stern- oder Lochtülle füllen und Tupfen an den Rändern des Buchstabens aufspritzen. Mittig mit den abgetropften Kirschen belegen. Sogleich den zweiten Biskuitbuchstaben auflegen und die Oberfläche mit Creme-Tupfen verzieren.

5. Letter Cake mit Deko-Artikeln belegen und bis zum Verzehr kühl stellen.

Regenbogentorte

Für 1 Springform (*ø 18 cm*)

Teig

180 g Puderzucker ⁕ 1 Pkg. Vanillezucker ⁕ 1 Prise Salz ⁕ 120 g Speiseöl ⁕ 7 Eier (Gr. M) oder 6 Eier (Gr. L) ⁕ 265 g helle glutenfreie Mehlmischung auf Maisbasis ⁕ 1 Pkg. Backpulver ⁕ 150 g Mineralwasser ⁕ Lebensmittelfarben in Gelb, Orange, Rot, Grün, Blau und Lila

Creme

750 ml **MILCH**, ggf. laktosefrei / **Cashewdrink** ⁕ 65 g Zucker ⁕ 2 Pkg. Vanillepuddingpulver ⁕ 350 g zimmerwarme **BUTTER**, ggf. laktosefrei / **300 g vegane Margarine**

Außerdem

glutenfreie **SCHOKOLINSEN**, ggf. laktosefrei / **auf Milchbestandteile achten**

1. Puderzucker, Vanillezucker, Salz und Öl cremig rühren. Die Eier nach und nach zugeben und jeweils gut unterrühren, sodass eine cremige Schaummasse entsteht.

2. Mehl und Backpulver auf die Schaummasse sieben und einen klümpchenfreien Teig herstellen. Das Mineralwasser unterrühren.

3. Den Teig gleichmäßig in sechs Portionen teilen und jeweils in ein Schälchen geben. Jeden Rührteig mit einer Lebensmittelfarbe einfärben.

4. Einen eingefärbten Rührteig in eine mit Backpapier ausgelegte Springform geben und im vorgeheizten Backofen bei 170 °C etwa 14 Min. backen.

5. Den fertigen Kuchenboden aus dem Ofen nehmen und auf einem Kuchengitter auskühlen lassen. Nacheinander alle Kuchenböden backen.

6. Während die Kuchenböden gebacken werden, den Pudding für die Buttercreme herstellen. 650 ml Milch und Zucker in einen Kochtopf geben und unter Rühren zum Kochen bringen. Restliche Milch und Puddingpulver verrühren, in die kochende Milch rühren und einmal aufkochen lassen. Anschließend von der Kochstelle nehmen und den Pudding mit Frischhaltefolie abdecken, damit sich keine Haut bildet. Auskühlen lassen.

7. Damit die Buttercreme nicht gerinnt, müssen Pudding und Butter die gleiche Temperatur haben. Die Butter mit dem Handrührgerät cremig rühren. Nun den Pudding esslöffelweise unterrühren, bis eine gleichmäßige Creme entsteht.

8. Den lila Kuchenboden auf eine Tortenplatte setzen. Etwa ein Achtel der Creme darauf verteilen. So fortfahren, bis alle Kuchenböden platziert sind und die Torte farblich an einen Regenbogen erinnert. Mit der restlichen Creme die Torte ringsum bestreichen.

9. Kurz vor dem Servieren mit bunten Schokolinsen belegen.

MUTTERTAG & VALENTINSTAG

Rosentorte mit Kokosfüllung

Für 1 Herzspringform (ø 26 cm)

Teig

1 Grundrezept „Biskuit für Kuchen", siehe Seite 16 ⁕ 100 g Himbeerkonfitüre

Creme

600 g Tiefkühl-Himbeeren, aufgetaut ⁕ 80 g Puderzucker ⁕ 2 Pkg. Vanillezucker ⁕ 30 g Vanillepuddingpulver ⁕ 220 g **BUTTER**, ggf. laktosefrei / **200 g vegane Margarine**

Füllung

300 ml **SAHNE**, ggf. laktosefrei / **aufschlagbarer Sahneersatz auf Kokosbasis** ⁕ 1 Pkg. Sahnesteif ⁕ 250 g **MASCARPONE**, ggf. laktosefrei / **Frischkäseersatz auf Sojabasis** ⁕ 45 g Puderzucker ⁕ 1 EL Zitronensaft ⁕ 20 g Kokosraspel

1. Den Biskuit nach Anleitung in der mit Backpapier ausgelegten Herzform herstellen, am besten am Vortag.
2. Für die Buttercreme die Himbeeren pürieren und durch ein Sieb streichen, Kerne entfernen. Die Himbeermasse in einen Kochtopf geben und mit Puderzucker, Vanillezucker und Puddingpulver verrühren. Unter Rühren aufkochen lassen, dann von der Kochstelle nehmen, mit Frischhaltefolie abdecken und komplett auf Zimmertemperatur abkühlen lassen.
3. Den ausgekühlten Biskuit einmal teilen. Den unteren Biskuitboden auf eine Tortenplatte legen und mit Himbeerkonfitüre bestreichen. Den anderen Biskuitboden in kleine Würfel schneiden, die Biskuitwürfel in eine Schüssel geben.
4. Für die Füllung Sahne mit Sahnesteif fest aufschlagen und kühl stellen. Mascarpone, Puderzucker und Zitronensaft verrühren, dann Sahne, Kokosraspel und Biskuitwürfel unterheben. Die Masse kuppelartig auf den Biskuitboden geben. Torte kühl stellen.
5. Butter mit dem Handrührgerät (Quirle) oder der Küchenmaschine in 6–8 Min. weiß-schaumig aufschlagen. Nun den ausgekühlten Himbeerpudding esslöffelweise unterrühren und eine gleichmäßige Buttercreme herstellen. Achtung: Butter und Himbeerpudding müssen in etwa die gleiche Temperatur haben, sonst gerinnt die Creme.
6. Die Himbeer-Buttercreme in einen Spritzbeutel mit Rosentülle einfüllen und „Rosen" auf die gesamte Torte spritzen. Die Torte etwa 2 Std. kühl stellen.

Heidelbeer-Marzipan-Torte

Für 1 Springform (ø 26 cm)

Teig

1 Grundrezept „Biskuit für Torten", siehe Seite 17

Creme

6 Blatt Gelatine * 1 Glas Heidelbeeren (Abtropfgewicht 125 g) * 300 g **JOGHURT**, ggf. laktosefrei / **Joghurtalternative auf Sojabasis** * Saft und Abrieb von ½ Bio-Zitrone * 55 g Zucker * 2 Pkg. Vanillezucker * 400 g **SAHNE**, ggf. laktosefrei / **aufschlagbarer Sahneersatz auf Mandelbasis**

Belag

2 Pkg. Tortenguss * 2 Gläser Heidelbeeren (Abtropfgewicht pro Glas 125 g) * 2 Pkg. Vanillezucker

Dekoration

200 g Marzipanrohmasse * 100 g **SAHNE**, ggf. laktosefrei / **aufschlagbarer Sahneersatz auf Mandelbasis** * ½ Pkg. Sahnesteif * 1 TL Zucker * 12 frische Heidelbeeren

Tipp

Beim Aufrollen zu Blüten die eine Breitseite vom Marzipanstreifen zwischen zwei Fingern leicht platt drücken und wellenartig einwickeln, die andere Breitseite eng zusammenhalten.

1. Den Biskuit nach Rezept herstellen und auskühlen lassen. Anschließend den Biskuit zweimal teilen, den unteren Biskuitboden auf eine Tortenplatte legen und mit einem Tortenring umschließen.

2. Für die Heidelbeercreme die Gelatine in kaltem Wasser einweichen. Die abgetropften Heidelbeeren pürieren.

3. Joghurt, Zitronensaft und -abrieb, Zucker, Vanillezucker und Heidelbeerpüree verrühren. Die Gelatine ausdrücken und in 60 ml heißem Wasser auflösen. 1 EL der Heidelbeermasse zur Gelatine rühren, dann sofort die Gelatineflüssigkeit zügig in die gesamte Heidelbeermasse einrühren. Die Sahne steif schlagen und unter die leicht gelierte Heidelbeermasse rühren.

4. Die halbe Menge der Heidelbeercreme auf den unteren Biskuit streichen, den mittleren Biskuitboden auflegen, die restliche Creme darauf verteilen und den oberen Biskuitboden auflegen.

5. Für den Heidelbeerbelag das gesamte Tortengusspulver in einen Topf geben, die beiden Gläser Heidelbeeren mit Saft und Vanillezucker zugeben und verrühren, sodass sich das Tortengusspulver klümpchenfrei auflöst. Unter Rühren erhitzen und einmal aufkochen lassen. Die Masse einige Min. abkühlen lassen, dann auf den oberen Biskuitboden geben. Die Torte mindestens 3 Std. im Kühlschrank ruhen lassen.

6. Für die Dekoration 150 g Marzipanrohmasse ausrollen, sodass ein Kreis mit 26 cm Durchmesser entsteht. Von der Mitte aus gleichmäßig 12-mal etwa 5 cm zum Rand hin einschneiden und die Marzipanspitzen nach außen rollen. So entsteht ein formschöner Marzipanausschnitt. Anschließend vorsichtig auf die Torte legen.

7. Sahne mit Sahnesteif und Zucker fest aufschlagen. Sahnetuffs entlang des Tortenrandes aufspritzen und mit Heidelbeeren belegen.

8. Die restliche Marzipanmasse dünn zwischen zwei Folien zu einem Rechteck ausrollen, dann in drei Streifen schneiden und die Marzipanstreifen zu Blüten aufrollen. Die Marzipanblüten mittig auf die Torte setzen.

Himbeerherz

Für 1 Herzspringform (*ø 26 cm*)

Teig

1 Grundrezept „Biskuit für Kuchen", siehe Seite 16

Füllung

250 g **FRISCHKÄSE**, ggf. laktosefrei / **Frischkäseersatz auf Cashewbasis** ⁕ 45 g Zucker ⁕ 1 Pkg. Vanillezucker ⁕ 200 ml **SAHNE**, ggf. laktosefrei / **aufschlagbarer Sahneersatz auf Kokosbasis** ⁕ 1 Pkg. Sahnesteif ⁕ 125 g frische Himbeeren

Belag & Dekoration

250 g frische Himbeeren ⁕ ½ Pkg. Tortenguss ⁕ 1 gestrichener EL Zucker ⁕ 60 g Mandelblättchen, geröstet ⁕ 200 ml **SAHNE**, ggf. laktosefrei / **aufschlagbarer Sahneersatz auf Kokosbasis** ⁕ 1 Pkg. Sahnesteif ⁕ 1 Pkg. Vanillezucker

Eine herzliche Köstlichkeit für vielerlei Anlässe. Himmlisch cremig, fruchtig und zart zugleich!

1. Den Biskuitteig nach Anleitung herstellen. In eine mit Backpapier ausgelegte Herzform einfüllen, glatt streichen und im vorgeheizten Backofen bei 180 °C etwa 15 Min. backen.
2. Den fertigen Biskuit aus der Form lösen, auf ein Kuchengitter stürzen und auskühlen lassen. Anschließend mittig einmal teilen und den unteren Kuchenboden auf eine Kuchenplatte legen.
3. Für die Füllung Frischkäse, Zucker und Vanillezucker verrühren. Sahne mit Sahnesteif fest aufschlagen, dann unter die Frischkäsemasse heben.
4. Ein Drittel der Creme auf den unteren Biskuitboden streichen. Die Himbeeren darauf verteilen und den oberen Biskuitboden auflegen. Mit der restlichen Creme die Torte komplett und gleichmäßig einstreichen.
5. Die Himbeeren für den Belag auf der Torte verteilen, am Rand etwa 3 cm Platz lassen. Den Tortenguss nach Anleitung mit Zucker und Wasser zubereiten und die Himbeeren damit bepinseln.
6. Den Tortenrand mit Mandelblättchen belegen.
7. Für die Dekoration Sahne, Sahnesteif und Vanillezucker fest aufschlagen und in einen Spritzbeutel mit Sterntülle füllen. Große Sahnetuffs entlang des Tortenrandes aufspritzen. Die Torte bis zum Verzehr kühl stellen.

Erdbeertorte mit Löffelbiskuitrand

Für 1 Springform *(ø 26 cm)*

Biskuit

4 Eier (Gr. L), getrennt * 80 g Puderzucker * 1 Pkg. Vanillezucker * 120 g helle glutenfreie Mehlmischung * 1½ TL Backpulver

Füllung

250 g Erdbeeren, halbiert * 10 Blatt Gelatine * 250 g Erdbeeren, püriert * 25 g + 80 g Zucker * 3 Pkg. Vanillezucker * 300 g **JOGHURT**, ggf. laktosefrei / **Joghurtersatz auf Mandelbasis** * 400 ml **SAHNE**, ggf. laktosefrei / **aufschlagbarer Sahneersatz auf Mandelbasis**

Dekoration

150 g **WEISSE KUVERTÜRE**, ggf. laktosefrei / **vegane weiße Kuvertüre** * etwa 250 g glutenfreie **LÖFFELBISKUITS / auf Milchbestandteile achten** * 25 g glutenfreie **ROSA ZUCKERPERLEN / auf Milchbestandteile achten** * 100 g **SAHNE**, ggf. laktosefrei / **aufschlagbarer Sahneersatz auf Mandelbasis** * ½ Pkg. Sahnesteif * ½ Pkg. Vanillezucker * 3 Rosen * einige Erdbeeren

1. Für den Biskuit die Eiweiße mit 40 g Puderzucker sehr steif schlagen. Eigelbe mit dem restlichen Puderzucker und Vanillezucker dick-cremig rühren. Mehl und Backpulver auf die Eigelbmasse sieben, Eischnee darauf platzieren und alles vorsichtig vermengen. Den Teig in eine mit Backpapier ausgelegte Springform füllen und bei 180 °C 25–30 Min. backen. Den fertigen Biskuit aus der Form lösen, Backpapier abziehen. Biskuit auf einem Kuchengitter auskühlen lassen.
2. Den Biskuit einmal teilen. Den unteren Tortenboden auf eine Tortenplatte legen und mit einem Tortenring umschließen. Die halbierten Erdbeeren darauf verteilen.
3. 3 Blatt Gelatine einweichen. Pürierte Erdbeeren mit 25 g Zucker und 1 Pkg. Vanillezucker mischen. Die Gelatine ausdrücken, in 30 ml heißem Wasser auflösen, dann sofort unter die Erdbeermasse rühren.
4. 7 Blatt Gelatine in kaltem Wasser einweichen. Joghurt, 80 g Zucker und 2 Pkg. Vanillezucker verrühren. Die Gelatine ausdrücken, in etwa 70 ml heißem Wasser auflösen, dann sofort unter das Joghurtgemisch rühren. Sahne steif schlagen und unter die Joghurtmasse rühren.
5. Ein Drittel der Joghurtcreme beiseitestellen. Die restliche Joghurtmasse mit der Erdbeermasse verrühren und leicht gelieren lassen, falls die Masse zu flüssig ist. Dann komplett auf den mit Erdbeeren belegten Biskuitboden geben. Den zweiten Biskuitboden auflegen und das restliche Drittel der Joghurtcreme darauf verteilen. Die Torte mindestens 3 Std. kühl stellen, gerne auch über Nacht.
6. Unterdessen die weiße Kuvertüre schmelzen. Löffelbiskuits jeweils zu etwa einem Viertel mit Kuvertüre bepinseln und mit Zuckerperlen bestreuen. Auf Backpapier legen und trocknen lassen.
7. Den Tortenring entfernen, die Löffelbiskuits mit etwas weißer Kuvertüre bepinseln und an die Torte „kleben". Ein passendes Band um die Biskuitumrandung binden.
8. Sahne, Sahnesteif und Vanillezucker steif schlagen und die Torte mit Rosen, Erdbeeren und Sahnetuffs mittig belegen.

OSTERN

Rüblitorte mit Frischkäse-Frosting

Für 1 Springform (ø 26 cm)

Teig
250 g Karotten ✻ 6 Eier, getrennt ✻ 180 g Zucker ✻ 200 g gemahlene Haselnüsse ✻ 100 g gemahlene Mandeln ✻ 2 EL glutenfreies **PANIERMEHL**, ggf. laktosefrei / **auf Milchbestandteile achten** ✻ 1 EL helle glutenfreie Mehlmischung ✻ 1 TL Zimt ✻ 1 TL Backpulver

Frosting
200 ml **SAHNE**, ggf. laktosefrei / **aufschlagbarer Sahneersatz auf Reisbasis** ✻ 200 g **FRISCHKÄSE**, ggf. laktosefrei / **Frischkäseersatz auf Cashewbasis** ✻ 45 g Puderzucker ✻ 2 Pkg. Vanillezucker ✻ etwas Abrieb von 1 Bio-Zitrone

Dekoration
12 glutenfreie **MARZIPANKAROTTEN** / **auf Milchbestandteile achten** ✻ 2 EL gehackte Pistazien

Tipp für Nussallergiker

Gemahlene Erdmandelflocken statt der Haselnüsse und Mandeln verwenden.

Dieser Klassiker gehört bei uns einfach zur Osterzeit. Herrlich saftig und cremig zugleich!

1. Für den Teig die Karotten schälen und fein raspeln.
2. Die Eiweiße steif schlagen und kühl stellen. Eigelbe und Zucker dick-cremig aufschlagen.
3. Den Eischnee auf die Eigelbmasse geben, aber noch nicht verrühren! Alle restlichen Zutaten für den Teig mit in die Schüssel geben und alles locker und vorsichtig vermengen.
4. Den Teig in eine mit Backpapier ausgelegte Springform einfüllen und im vorgeheizten Backofen bei 170 °C etwa 1 Std. backen. Aus dem Ofen nehmen und komplett in der Form auskühlen lassen.
5. Anschließend aus der Form nehmen und auf eine Kuchenplatte legen.
6. Für das Frosting die Sahne steif aufschlagen. Alle restlichen Zutaten für das Frosting verrühren, dann die Schlagsahne unterheben.
7. Das Frosting auf den Kuchen aufstreichen. Mit den Marzipan-Karotten belegen und mit gehackten Pistazien bestreuen.

Waldmeister-Drip-Cake

Für 1 Springform (ø 26 cm)

Teig

1 Grundrezept „Biskuit für Torten", siehe Seite 17

Füllung

500 g Erdbeeren, halbiert * 2 Beutel glutenfreies Götterspeisen-Pulver mit Waldmeistergeschmack (à 11,7 g) * 140 g Zucker * 2 Pkg. Vanillezucker * 250 g **QUARK**, 20 % Fett, ggf. laktosefrei / **200 g Quarkersatz auf Sojabasis** * 250 g **DOPPELRAHMFRISCHKÄSE**, ggf. laktosefrei / **Frischkäseersatz auf Cashewbasis** * 400 ml **SAHNE**, ggf. laktosefrei / **aufschlagbarer Sahneersatz auf Mandelbasis**

Glasur

40 g **SAHNE**, ggf. laktosefrei / **aufschlagbarer Sahneersatz auf Mandelbasis** * 150 g **VOLLMILCHSCHOKOLADE**, ggf. laktosefrei, fein gehackt / **vegane Kuvertüre**

Dekoration

30 g Kokosraspel * etwas grüne Lebensmittelfarbe * glutenfreie bunte Zuckereier, je nach Größe 12–24 Stück

Mein Highlight für die österliche Kaffeetafel! Frische Erdbeeren sorgen für eine fruchtige Komponente und harmonieren perfekt mit der geschmackvollen Waldmeistercreme.

1. Am Vortag den Biskuit nach Anleitung herstellen, auskühlen lassen und luftdicht verpacken. Am nächsten Tag zweimal teilen, den unteren Biskuitboden auf eine Tortenplatte legen, mit einem Tortenring umschließen und mit 250 g Erdbeeren belegen.
2. Für die Füllung die Götterspeise nach Packungsanleitung zubereiten, jedoch nur mit 70 g Zucker und 150 ml Wasser.
3. Restlichen Zucker, Vanillezucker, Quark und Frischkäse verrühren. Zuerst 2 EL der Quarkmasse unter die Götterspeise rühren, dann die gesamte Quarkmasse zügig unterrühren und eine gleichmäßige Creme herstellen.
4. Sofort die Sahne steif schlagen und unter die leicht gelierte Waldmeistermasse rühren.
5. Ein Drittel der Waldmeistercreme auf die Erdbeeren geben. Den mittleren Kuchenboden auflegen, mit den restlichen Erdbeeren belegen und ein weiteres Drittel Creme darauf verteilen. Den oberen Biskuitboden auflegen und die restliche Waldmeistercreme darauf verteilen. Im Kühlschrank mindestens 3 Std., am besten über Nacht, fest werden lassen.
6. Für die Glasur die Sahne aufkochen lassen, vom Herd nehmen und die fein gehackte Schokolade darin auflösen.
7. Den Tortenring entfernen. Die Schokomasse mithilfe eines Löffels am Rand der Tortenoberfläche anbringen und an der Torte heruntertropfen lassen.
8. Kokosraspel mit grüner Lebensmittelfarbe mischen. Mit den Raspeln auf der Tortenoberfläche, angrenzend an die Schokolade, einen etwa 3 cm breiten Wiesenstreifen-Rand ziehen. Bunte Zuckereier darauf platzieren.

Erdbeer-Eierlikör-Torte

Für 1 Springform
(ø 26 cm)

Teig
1 Grundrezept „Dunkler Biskuit für Kuchen", siehe Seite 16 * 3 EL Erdbeerkonfitüre * 500 g Erdbeeren, halbiert

Creme
7 Blatt Gelatine * 200 g Erdbeeren, püriert * 100 g Puderzucker * 100 ml Eierlikör* * 300 ml **SAHNE**, ggf. laktosefrei / **aufschlagbarer Sahneersatz auf Kokosbasis**

Guss
2 Blatt Gelatine * 200 ml Eierlikör*

Dekoration
100 g **SAHNE**, ggf. laktosefrei / **aufschlagbaren Sahneersatz auf Kokosbasis** * ½ Pkg. Sahnesteif * ½ Pkg. Vanillezucker * 3 Erdbeeren, geviertelt

Das feine Liköraroma und die fruchtigen Erdbeeren harmonieren perfekt. Eine außergewöhnliche Torte mit vielerlei Aromen und Hingucker-Effekt!

1. Biskuit nach Rezept herstellen und auskühlen lassen. Den Biskuitboden auf eine Tortenplatte legen und mit einem Tortenring umschließen. Mit Erdbeerkonfitüre bestreichen und mit halbierten Erdbeeren, Schnittfläche nach unten, gleichmäßig belegen.

2. Für die Eierlikörcreme die Gelatine in kaltem Wasser einweichen. Erdbeerpüree, Puderzucker und Eierlikör verrühren. Die Gelatine gut ausdrücken und in 70 ml heißem Wasser auflösen. 1 EL der Erdbeerpüree-Mischung unter das Gelatinewasser rühren, dann das gesamte Gelatinewasser rasch unter die Erdbeerpüree-Mischung rühren. Die Sahne steif schlagen und locker unterheben. Die Creme auf die Erdbeeren streichen und die Torte für mindestens 3 Std. in den Kühlschrank stellen.

3. Für den Eierlikörguss die Gelatine in kaltem Wasser einweichen, gut ausdrücken und in 20 ml heißem Wasser auflösen. Sofort mit dem Eierlikör verrühren und vorsichtig auf der Tortenoberfläche verteilen. Im Kühlschrank fest werden lassen.

4. Den Tortenring lösen. Sahne, Sahnesteif und Vanillezucker fest aufschlagen und in einen Spritzbeutel mit Sterntülle einfüllen. Sahnetuffs auf die Torte spritzen und mit Erdbeervierteln belegen.

* Tipp
Bitte stets darauf achten, dass der verwendete Eierlikör glutenfrei ist. Im Handel sind gluten-, laktose- und milcheiweißfreie Varianten erhältlich.

Spiegelei-Torte

Für 1 Springform *(ø 26 cm)*

Teig

1 Grundrezept „Dunkler Biskuit für Torten", siehe Seite 17

Füllung

1 Dose Aprikosen (Abtropfgewicht 480 g) ⁕ 500 ml Aprikosen- oder Pfirsich-Maracuja-Nektar ⁕ 1½ Pkg. Vanillepuddingpulver ⁕ 2½ EL Zucker

Creme

10 Blatt Gelatine ⁕ 350 g Aprikosen, frisch oder aus der Dose, püriert ⁕ 500 g **JOGHURT**, ggf. laktosefrei / **Joghurtersatz auf Cashewbasis** ⁕ 80 g Zucker ⁕ 2 Pkg. Vanillezucker ⁕ 200 ml **SAHNE**, ggf. laktosefrei / **aufschlagbarer Sahneersatz auf Reisbasis**

Dekoration

200 g **SAHNE**, ggf. laktosefrei / **aufschlagbarer Sahneersatz auf Reisbasis** ⁕ 1 Pkg. Sahnesteif ⁕ 2 Pkg. Vanillezucker ⁕ 100 g Pistazien, gehackt ⁕ 125 g **QUARK**, 20 % Fett, ggf. laktosefrei / **100 g veganer Quarkersatz auf Sojabasis** ⁕ 2 EL **MILCH**, ggf. laktosefrei / **Reisdrink** ⁕ 6 Aprikosenhälften, frisch oder aus der Dose

1. Den Biskuit am Vortag nach Anleitung herstellen, auskühlen lassen und luftdicht verpacken.
2. Am nächsten Tag zweimal teilen, den unteren Biskuitboden auf eine Tortenplatte legen und mit einem Tortenring umschließen.
3. Für die Aprikosenfüllung die (abgetropften) Aprikosen auf dem unteren Biskuitboden gleichmäßig verteilen. 100 ml Aprikosennektar mit Puddingpulver verrühren. Den restlichen Nektar und Zucker in einen Topf geben und unter Rühren zum Kochen bringen. Die Puddingmischung zugeben und einmal aufkochen lassen. Sofort auf die Aprikosen streichen und auskühlen lassen. Den mittleren Biskuitboden auflegen.
4. Für die Aprikosencreme die Gelatine in kaltem Wasser etwa 10 Min. einweichen. Aprikosenpüree, Joghurt, Zucker und Vanillezucker verrühren. Die Gelatine ausdrücken und in 100 ml heißem Wasser auflösen. 1 EL der Aprikosenmasse zur Gelatine rühren, dann das Gelatinewasser sofort unter die Aprikosenmasse rühren. Die Sahne steif schlagen und unter die leicht gelierte Aprikosenmasse heben.
5. Die Creme auf den mittleren Biskuitboden streichen und den oberen Biskuitboden auflegen. Die Torte für mindestens 3 Std. in den Kühlschrank stellen, gerne auch über Nacht.
6. Den Tortenring entfernen. Sahne, Sahnesteif und 1 Pkg. Vanillezucker fest aufschlagen. Den Tortenrand gleichmäßig damit einstreichen und mit gehackten Pistazien bestreuen.
7. Quark, Milch und 1 Pkg. Vanillezucker verrühren. Sechs Quarkkleckse auf die Torte geben und jeweils eine (abgetropfte) Aprikosenhälfte darauf platzieren, sodass eine schöne Spiegeleier-Dekoration entsteht.
8. Die Torte bis zum Verzehr kühl stellen.

KUCHEN

Einfache KUCHEN

Kaffeekuchen

Für 1 Kastenform *(Länge 30 cm)*

Teig

FETT für die Form, ggf. laktosefrei / **auf Milchbestandteile achten** ⁕ 3 TL Instant-Kaffeepulver ⁕ 180 g weiche **BUTTER**, ggf. laktosefrei / **vegane Margarine** ⁕ 80 ml Speiseöl ⁕ 180 g Zucker ⁕ 2 Pkg. Vanillezucker ⁕ 6 Eier (Gr. M) ⁕ 225 g helle glutenfreie Mehlmischung ⁕ 80 g gemahlene Nüsse oder Mandeln* ⁕ 40 g ungesüßtes Kakaopulver ⁕ 1 Pkg. Backpulver ⁕ 1 Prise Zimt

Belag

75 ml Kaffee ⁕ 150 g **WEISSE KUVERTÜRE**, ggf. laktosefrei / **vegane weiße Kuvertüre** ⁕ **SCHOKO-KAFFEEBOHNEN**, ggf. laktosefrei / **auf Milchbestandteile achten**

1. Die Kastenform an den Seiten fetten. Den Boden der Form mit zugeschnittenem Backpapier belegen.
2. 180 ml Wasser zum Kochen bringen, Instant-Kaffeepulver einrühren. Topf beiseitestellen.
3. Butter, Öl, Zucker und Vanillezucker weiß-schaumig rühren. Die Eier nacheinander zugeben und eine cremige Schaummasse herstellen.
4. Mehl, Nüsse, Kakao, Backpulver und Zimt mischen und mit dem Instant-Kaffee unter die Schaummasse rühren.
5. Den Teig in die Form einfüllen. Im vorgeheizten Backofen bei 180 °C 55–60 Min. backen. Mittels Stäbchenprobe prüfen, ob der Kuchen durchgebacken ist. Den fertigen Kuchen komplett in der Form auskühlen lassen.
6. Den Kuchen mit einem Holzstäbchen mehrmals einstechen und mit Kaffee tränken.
7. Den Kuchen aus der Form lösen und vorsichtig auf eine Kuchenplatte geben.
8. Weiße Kuvertüre im Wasserbad schmelzen, auf den Kuchen geben und mit Schoko-Kaffeebohnen belegen.

* Tipp für Nussallergiker

Gemahlene Erdmandelflocken statt der Nüsse oder Mandeln verwenden.

Tipp

Wer den Kuchen ohne Kaffee zubereiten möchte, ersetzt das Instant-Kaffeepulver durch Kakaopulver und den Kaffee zum Tränken durch Kakao. So erhält man einen herrlichen Kakaokuchen.

Quarkgugelhupf

Für 1 Gugelhupfform (ø 22 cm)

150 g weiche **BUTTER**, ggf. laktosefrei / **vegane Margarine** ⁕ 165 g Zucker ⁕ 1 Pkg. Vanillezucker ⁕ 4 Eier (Gr. M) ⁕ 250 g **MAGERQUARK**, ggf. laktosefrei / **200 g Quarkersatz auf Sojabasis** ⁕ 200 g helle glutenfreie Mehlmischung ⁕ 1 Pkg. Backpulver ⁕ 70 g Sultaninen, mit 2 EL Rum mariniert ⁕ Abrieb von ½ Bio-Zitrone ⁕ **FETT** für die Form, ggf. laktosefrei / **auf Milchbestandteile achten**

Das ist einer meiner liebsten „einfachen“ Kuchen – seine unbeschreiblich weich-saftige Textur überzeugt auf ganzer Linie! Durch die aromatisierten Sultaninen erhält der Gugelhupf eine unnachahmliche Note.

1. Butter, Zucker und Vanillezucker schaumig rühren. Die Eier nacheinander zugeben und alles zu einer dicken, cremigen Schaummasse rühren.
2. Die restlichen Zutaten (Sultaninen mit Rum) zur Schaummasse geben und alles gut verrühren.
3. Den Teig in eine gefettete Gugelhupfform einfüllen und im vorgeheizten Backofen bei 180 °C etwa 45 Min. backen. Mittels Stäbchenprobe prüfen, ob der Kuchen durchgebacken ist.
4. Wichtig: Den fertigen Kuchen fast vollständig in der Form auskühlen lassen, da er sonst zerfällt.
5. Den ausgekühlten Kuchen stürzen und mit Puderzucker bestäuben.

Tipp

Den Kuchen nach Geschmack mit Zuckerguss aus Puderzucker und Zitronensaft überziehen.

Kirsch-Marmorkuchen

Für 1 Kastenform *(Länge 30 cm)*

FETT für die Form, ggf. laktosefrei / **auf Milchbestandteile achten** ⁕ 150 g Speiseöl ⁕ 200 g Puderzucker ⁕ 1 Pkg. Vanillezucker ⁕ 4 Eier ⁕ 260 g helle glutenfreie Mehlmischung ⁕ 1 Pkg. Backpulver ⁕ 150 g **JOGHURT**, ggf. laktosefrei / **Joghurtersatz auf Sojabasis** ⁕ 2 EL **SCHOKOCREME**, ggf. laktosefrei / **vegane Schokocreme** ⁕ 2 TL ungesüßtes Kakaopulver ⁕ ½ Glas Sauer- oder Süßkirschen (Abtropfgewicht ganzes Glas 350 g)

1. Die Form an den Seiten fetten. Backpapier so zuschneiden, dass der Boden der Kastenform damit ausgefüllt ist.
2. Öl, Puderzucker und Vanillezucker in eine Rührschüssel geben und mit dem Handrührgerät schaumig schlagen. Die Eier nacheinander zugeben und alles zu einer fluffigen Schaummasse rühren.
3. Mehl und Backpulver auf die Schaummasse sieben, Joghurt ebenfalls zugeben und mit dem Handrührgerät einen geschmeidigen Teig herstellen.
4. Drei Viertel der Teigmenge in die Kastenform streichen. Schokocreme und Kakao unter den restlichen Teig rühren und auf den hellen Teig geben. Die abgetropften Kirschen darauf verteilen.
5. Bei 180 °C 55–60 Min. backen. Nach der Backzeit mittels Stäbchenprobe prüfen, ob der Kuchen durchgebacken ist.
6. Den fertigen Kuchen aus dem Ofen nehmen und komplett in der Form abkühlen lassen. Wird er heiß oder warm aus der Form genommen, bricht er leicht.

Tipp

Den Kuchen nach Geschmack mit Zuckerguss aus Puderzucker, etwas roter Lebensmittelfarbe und Zitronensaft überziehen und mit Raspelschokolade bestreuen. Alternativ mit Puderzucker bestäuben.

Nusskuchen

Für 1 Kastenform *(Länge 30 cm)*

FETT für die Form, ggf. laktosefrei / **auf Milchbestandteile achten** ⁕ 200 g weiche **BUTTER**, ggf. laktosefrei / **vegane Margarine** ⁕ 200 g Rohrohrzucker ⁕ 1 Prise Salz ⁕ 6 Eier ⁕ 200 g helle glutenfreie Mehlmischung ⁕ 200 g gemahlene Haselnüsse* ⁕ 1 Pkg. Backpulver ⁕ 125 ml **MILCH**, ggf. laktosefrei / **Reisdrink** ⁕ 1 EL Rum (optional)

1. Die Form an den Seiten fetten. Backpapier so zuschneiden, dass der Boden der Form damit ausgefüllt ist.
2. Butter, Rohrohrzucker und Salz schaumig rühren. Nacheinander die Eier zugeben und eine sehr schöne Schaummasse herstellen.
3. Mehl, Haselnüsse und Backpulver mischen und mit Milch und Rum unter die Schaummasse rühren. Der Teig soll eine cremige, nicht zu feste Textur aufweisen. Bei Bedarf zusätzlich etwas Milch unter den Teig rühren.
4. Den Teig in die vorbereitete Form einfüllen und im vorgeheizten Backofen bei 180 °C etwa 1 Std. backen. Mittels Stäbchenprobe prüfen, ob der Kuchen durchgebacken ist.
5. Den Kuchen in der Form auskühlen lassen, dann auf eine Kuchenplatte stürzen.

* Tipp für Nussallergiker

Gemahlene Erdmandelflocken statt der Haselnüsse verwenden.

Tipp

Wer mag, kann den Kuchen mit Puderzucker oder Schokoladenglasur überziehen.

Variation

Gerne können statt der gemahlenen Haselnüsse auch andere Nüsse oder Mandeln verwendet werden.

KUCHEN für die Seele

Heidelbeer-Biskuitrolle

Für 1 Rolle
(Backblech 30 x 40 cm)

Teig
1 Grundrezept „Biskuit für Blechkuchen und Rouladen“, siehe Seite 18

Füllung
200 ml **SAHNE**, ggf. laktosefrei / **aufschlagbarer Sahneersatz auf Mandelbasis** ⁕ 1 Pkg. Sahnesteif ⁕ 35 g Zucker ⁕ 1 Pkg. Vanillezucker ⁕ 125 g **QUARK**, 20 % Fett, ggf. laktosefrei / **Quarkersatz auf Sojabasis** ⁕ 150 g Heidelbeerkonfitüre ⁕ 125 g frische Heidelbeeren

Dekoration
150 g **WEISSE KUVERTÜRE**, ggf. laktosefrei / **vegane weiße Kuvertüre** ⁕ 1 TL Kokosfett ⁕ einige frische Heidelbeeren ⁕ einige Minzblätter

Der glutenfreie Biskuit wird so überaus weich und zart, dass bestimmt kein Gast auf eine glutenfreie Variante tippt. Einfach eine tolle Rolle!

1. Den Biskuit nach Rezept herstellen, auf ein sauberes Geschirrtuch stürzen, das Backpapier abziehen. Biskuit mitsamt dem Geschirrtuch aufrollen und auskühlen lassen.
2. Sahne mit Sahnesteif fest aufschlagen. Zucker, Vanillezucker und Quark unterrühren.
3. Den Biskuit vorsichtig auseinanderrollen und mit der Quarkmasse gleichmäßig bestreichen. Die Heidelbeerkonfitüre mit einem Esslöffel gleichmäßig darauf verteilen und mit Heidelbeeren belegen. Biskuit vorsichtig aufrollen und auf eine Kuchenplatte legen.
4. Für die Dekoration die Kuvertüre im Wasserbad schmelzen, Kokosfett zugeben und gut unterrühren. Die Kuvertüre bis auf 1,5 EL auf die Rolle geben und an den Seiten etwas herunterlaufen lassen. Sofort mit frischen Heidelbeeren belegen und die restliche Kuvertüre mit einem Teelöffel auf die Rolle sprenkeln. Mit Minzblättern belegen.

Himbeer-Butterkeks-Schnitten

Für 1 Backblech
= etwa 15 Stück

Teig
1 Grundrezept „Dunkler Biskuit für Torten“, siehe Seite 17

Fruchtbelag
500 g Tiefkühl-Himbeeren, aufgetaut (Saft auffangen!) ⁕ 2 Pkg. Vanillepuddingpulver ⁕ 65 g Zucker

Puddingbelag
3 Blatt Gelatine ⁕ 1½ Pkg. Vanillepuddingpulver ⁕ 45 g Zucker ⁕ 750 ml **MILCH**, ggf. laktosefrei / **Cashewdrink** ⁕ 300 ml **SAHNE**, ggf. laktosefrei / **aufschlagbarer Sahneersatz auf Mandelbasis**

Keks-Beeren-Belag
2 Packungen glutenfreie **BUTTERKEKSE** (à 165 g), ggf. laktosefrei / **milcheiweißfreie Butterkekse** ⁕ 50 g **WEISSE KUVERTÜRE**, ggf. laktosefrei / **vegane weiße Kuvertüre** ⁕ frische Beeren nach Geschmack (Erdbeeren, Heidelbeeren, Johannisbeeren, Brombeeren) und Kirschen

Ich liebe diese herrlichen Schnittchen! So zart, fruchtig und aromatisch zugleich!

1. Den Biskuit nach Rezept, aber auf einem mit Backpapier ausgelegten Backblech (30 x 40 cm) herstellen. Im vorgeheizten Backofen bei 180 °C etwa 15 Min. backen. Auf ein sauberes Geschirrtuch stürzen. Das Backpapier abziehen und den Biskuit auskühlen lassen. Anschließend auf eine Kuchenplatte legen und mit einem Backrahmen umschließen.
2. Für den Fruchtbelag den Himbeersaft mit Wasser auf 500 ml auffüllen. Puddingpulver mit etwa 150 ml der Flüssigkeit verrühren. Die restliche Himbeer-Wasser-Flüssigkeit mit Zucker zum Kochen bringen, dann das angerührte Puddingpulver hineingeben. Unter Rühren einmal aufkochen lassen. Die Himbeeren einrühren und den Fruchtbelag auf den Kuchenboden streichen. Komplett auskühlen lassen.
3. Unterdessen die Gelatine für den Puddingbelag etwa 10 Min. in kaltem Wasser einweichen. Vanillepuddingpulver mit Zucker und 100 ml Milch glatt rühren. Restliche Milch zum Kochen bringen, das angerührte Puddingpulver zugeben und unter Rühren einmal aufkochen lassen. Die Gelatine ausdrücken und im heißen Pudding auflösen. Den Pudding sogleich mit Folie abdecken und fast vollständig auskühlen lassen, sonst gerinnt die Sahne beim Unterheben.
4. Die Sahne steif schlagen. Den Pudding kräftig mit dem Schneebesen glatt rühren, dann die Schlagsahne unterheben. Auf die Himbeermasse streichen und im Kühlschrank etwa 1 Std. ruhen lassen.
5. Den Kuchen mit Butterkeksen belegen. Kuvertüre im Wasserbad schmelzen. Die Beeren jeweils leicht in die Kuvertüre tauchen und die Butterkekse damit verzieren.
6. Den Kuchen weitere 2–3 Std. oder über Nacht kühl stellen, damit die Puddingfüllung fest wird. Anschließend in Stücke schneiden.

Sauerrahmkuchen mit Obstbelag

Für 1 Springform (ø 26 cm)

Teig

½ Grundrezept „Hefeteig", siehe Seite 21 ✻ **FETT** für die Form, ggf. laktosefrei / **auf Milchbestandteile achten**

Belag

300 g Früchte oder Beeren nach Wahl, z. B. Kirschen, Aprikosen, Äpfel, Johannisbeeren, Himbeeren, Heidelbeeren usw. ✻ 400 g **SAURE SAHNE**, ggf. laktosefrei / **Sauerrahmersatz auf Sojabasis** ✻ 1 Pkg. Vanillepuddingpulver ✻ 65 g Zucker ✻ ½ TL Abrieb von 1 Bio-Zitrone

Wer saftig belegtes Hefeteiggebäck mag, wird diesen Kuchen lieben! Verwenden Sie Früchte und Beeren ganz nach Ihrem Geschmack.

1. Den Hefeteig nach Rezept herstellen, eine gefettete Springform damit auslegen und dabei einen kleinen Rand hochziehen. An einem warmen Ort 35 Min. aufgehen lassen.
2. Unterdessen die Früchte oder Beeren bei Bedarf klein schneiden.
3. Saure Sahne, Puddingpulver, Zucker und Zitronenabrieb verrühren.
4. Die Sahnemischung auf den Hefeteig streichen und mit Früchten belegen.
5. Im vorgeheizten Backofen bei 190 °C 30–35 Min. backen.
6. Den fertigen Kuchen aus dem Ofen nehmen und 15 Min. in der Form ausdampfen lassen. Dann den Springformrand entfernen und den Kuchen komplett abkühlen lassen – erst dann ist der Sahnebelag schnittfest.

Tipp zum Belag

Kommen säuerliche Früchte wie Himbeeren oder Johannisbeeren zum Einsatz, so empfehle ich zusätzlich einen Streuselbelag nach folgendem Rezept.

ZUTATEN: 70 g helle glutenfreie Mehlmischung, 40 g Rohrohrzucker, 40 g kalte Butter (ggf. laktosefrei) oder 30 g vegane Margarine, 1 Prise Zimt

ZUBEREITUNG: Mehl, Zucker, kalte Butter in Stückchen und Zimt in eine Schüssel geben und mit den Händen gut abbröseln, sodass alles gut gemischt ist. Auf den Kuchen streuen und nach Rezept backen.

Kirsch-Kokos-Schnitten

Für 1 Backblech
= etwa 15 Stück

Teig
1 Grundrezept „Biskuit für Blechkuchen & Rouladen", siehe Seite 18

Füllung
2 Gläser gezuckerte Sauerkirschen (Füllmenge pro Glas 680 g) ⁕ 2 Pkg. Vanillepuddingpulver

Belag
7 Blatt Gelatine ⁕ 200 g **SAHNE**, ggf. laktosefrei / **aufschlagbarer Sahneersatz auf Kokosbasis** ⁕ 1 Dose Kokosmilch (400 ml) ⁕ 250 g **MASCARPONE**, ggf. laktosefrei / **Frischkäseersatz auf Cashewbasis** ⁕ 45 g Zucker ⁕ 3 Pkg. Vanillezucker ⁕ 40 g Kokosraspel

1. Den Biskuit nach Anleitung herstellen. Auf ein sauberes Geschirrtuch stürzen, das Backpapier abziehen und den Biskuit auskühlen lassen. Anschließend auf eine Kuchenplatte legen und mit einem Backrahmen umschließen.
2. Die Sauerkirschen mit Saft in einen Kochtopf geben und das Vanillepuddingpulver klümpchenfrei einrühren. Gemeinsam aufkochen und noch heiß auf dem Teig verteilen. Mindestens 1 Std. auskühlen lassen.
3. Für den Kokosbelag die Gelatine 10 Min. in kaltem Wasser einweichen. Sahne steif schlagen und kühl stellen.
4. Kokosmilch, Mascarpone, Zucker und Vanillezucker verrühren. Die Gelatine ausdrücken und in 70 ml heißem Wasser auflösen. 1 EL Kokoscreme unter die Gelatine rühren, dann sofort das Gelatinewasser unter die Kokoscreme rühren. Die Sahne unterheben und die Masse auf die Kirschen streichen.
5. Den Belag sofort mit Kokosraspeln bestreuen, auch wenn die Creme noch weich ist, denn nur so haften die Kokosraspel gut.
6. Den Kuchen im Kühlschrank etwa drei Std. fest werden lassen.

Tipp

Wer mag, kann jedes Kuchenstück mit einem Sahnetuff und einer Belegkirsche verzieren.

Aprikosenwähe

Für 1 Quiche- oder Springform (ø 28 cm)

Teig

1 Grundrezept „Mürbeteig", siehe Seite 22

Belag

650 g frische Aprikosen oder 2 Gläser Aprikosen (Abtropfgewicht à 360 g) * 3 EL gemahlene Nüsse oder Mandeln*

Guss

200 ml **SAHNE**, ggf. laktosefrei / **Kochsahneersatz auf Mandelbasis** * 150 ml **MILCH**, ggf. laktosefrei / **Mandeldrink** * 3 Eier * 55 g Zucker * 2 Pkg. Vanillezucker * 1 Prise Zimt * 1 Prise Nelkenpulver * 1 Prise Salz

* Tipp für Nussallergiker

Gemahlene Erdmandelflocken statt der Nüsse oder Mandeln verwenden.

Der fruchtige Mürbeteigkuchen ist nicht nur ein optisches Highlight, durch den aromatisch-saftigen Sahne-Eier-Guss wird er auch zur puren Gaumenfreude!

1. Den Teig nach Rezept herstellen und eine ungefettete Form damit auslegen. Dabei einen Rand von etwa 2 cm hochziehen. Rund 1 Std. im Kühlschrank ruhen lassen.
2. Unterdessen die Aprikosen entsteinen und vierteln.
3. Gemahlene Nüsse oder Mandeln auf dem Teig verteilen und den Teig mehrmals mit einer Gabel einstechen.
4. Die Aprikosen gleichmäßig und kranzförmig auf dem Teig verteilen. Im vorgeheizten Backofen bei 210 °C 10 Min. backen.
5. Währenddessen alle Zutaten für den Guss verquirlen. Die Masse auf die Wähe gießen und weitere 25–30 Min. bei 210 °C goldbraun backen.
6. Die fertige Aprikosenwähe aus dem Ofen nehmen und in der Form komplett auskühlen lassen.

Mokkacremeschnitten

Für 1 Kastenform *(Länge 30 cm) = 8 Stück*

Teig

1 Grundrezept „Dunkler Biskuit für Blechkuchen & Rouladen", siehe Seite 18

Creme

500 ml **SAHNE**, ggf. laktosefrei / **aufschlagbarer Sahneersatz auf Kokosbasis** ❋ 50 g **ZARTBITTERSCHOKOLADE**, ggf. laktosefrei / **vegane Kuvertüre** ❋ 1 EL Instant-Kaffeepulver ❋ 2 Pkg. Sahnesteif ❋ 2 Pkg. Vanillezucker ❋ 15 g Zucker

Außerdem

80 ml sehr starker Kaffee ❋ 65 g **ZARTBITTER-SCHOKOSTREUSEL**, ggf. laktosefrei / **auf Milchbestandteile achten** ❋ 8 **SCHOKO-MOKKA-BOHNEN**, ggf. laktosefrei / **auf Milchbestandteile achten**

Tipp zur milcheiweißfreien Zubereitung

Biskuit nach Rezept herstellen. Für die Creme Kuvertüre schmelzen. Sahneersatz mit Sahnesteif und löslichem Kaffeepulver fest aufschlagen, dann Kuvertüre, Vanillezucker und Zucker unterziehen. Weiter nach Rezept verfahren.

1. Am Vortag den Biskuitteig nach Anleitung herstellen. Den Boden einer Kastenform mit Backpapier auslegen. Den Teig einfüllen und im vorgeheizten Backofen bei 180 °C etwa 35 Min. backen. Den fertigen Biskuit aus der Form lösen und auf ein Kuchengitter stürzen. Das Backpapier abziehen, den Biskuit auskühlen lassen und dann in eine Kuchenbox geben.
2. Ebenfalls am Vortag für die Mokkacreme die Sahne in einen Topf geben und unter Rühren erwärmen. Die Zartbitterschokolade in Stücke teilen und in der Sahne schmelzen. Das Instant-Kaffeepulver unterrühren. Das Sahnegemisch auskühlen lassen und über Nacht in den Kühlschrank stellen.
3. Am nächsten Tag den Biskuit zweimal waagerecht teilen. Den unteren Biskuitboden auf eine Tortenplatte legen und mit 40 ml Kaffee tränken.
4. Das Sahnegemisch in eine hohe Rührschüssel geben. Sahnesteif, Vanillezucker und Zucker zugeben und alles mit dem Handrührgerät steif schlagen. 3 EL Mokkasahne in einen Spritzbeutel mit Sterntülle einfüllen und in den Kühlschrank legen.
5. Ein Viertel der Mokkasahne auf den unteren Biskuitboden streichen. Den mittleren Biskuit auflegen, mit dem restlichen Kaffee tränken und ein weiteres Viertel der Sahne aufstreichen. Den oberen Biskuitboden auflegen und den Kuchen ringsum mit Mokkasahne bestreichen.
6. Die Torte an den Seiten mit Schokostreuseln belegen (siehe Tipp Seite 13).
7. Mokkasahnetuffs auf die Torte spritzen und mit Schoko-Mokkabohnen belegen.

Variation

Für fruchtige Mokkacremeschnitten den unteren und mittleren Kuchenboden jeweils zusätzlich mit 2 EL Kirschkonfitüre bestreichen.

Butterkuchen

Für 1 Backblech
(30 x 40 cm)

Teig

30 g Frischhefe oder 1½ Pkg. Trockenhefe * 250 g lauwarme **MILCH**, ggf. laktosefrei / **veganer Milchersatz, z. B. Cashewdrink** * 500 g helle glutenfreie Mehlmischung* * 80 g Zucker * 2 Pkg. Vanillezucker * ¼ TL Salz * 65 g **FLÜSSIGE BUTTER**, ggf. laktosefrei / **vegane Margarine** * 150 g **JOGHURT**, ggf. laktosefrei / **Joghurtersatz auf Sojabasis** * 1 Ei * **FETT** für das Backblech, ggf. laktosefrei / **auf Milchbestandteile achten** * glutenfreies Mehl für die Arbeitsfläche

Belag

165 g weiche **BUTTER**, ggf. laktosefrei / **vegane Margarine** * 200 g gehobelte Mandeln * 100 g Zucker * 2 Pkg. Vanillezucker * ½ TL Zimt * 1 Prise Salz

* Für das Rezept empfehle ich eine ideale Mehlmischung für glutenfreie Hefeteige, z. B. Brotmix von Schär. Kommt eine andere Mehlmischung zum Einsatz, muss der Flüssigkeitsbedarf angepasst werden und zusätzlich sind 2 g Xanthan nötig.

Dieser Hefeteigkuchen weckt Kindheitserinnerungen und ich bin überaus glücklich, dass er auch in glutenfreier Form bestens gelingt!

1. Trocken- oder Frischhefe in der lauwarmen Milch auflösen.
2. Mehl, Zucker, Vanillezucker und Salz in eine Rührschüssel geben und mischen. Hefemilch, Butter, Joghurt und Ei zugeben und in etwa 3 Min. einen glatten Teig herstellen. Hierzu eignet sich ein Handrührgerät oder eine Küchenmaschine sehr gut. Den Teig in der Schüssel belassen und, mit einem Geschirrtuch abgedeckt, 20 Min. bei Zimmertemperatur aufgehen lassen. Anschließend nochmals kurz kneten.
3. Das Backblech fetten, den Teig auf einer gut bemehlten Arbeitsfläche auf Backblechgröße ausrollen und auf das Blech legen, er soll gleichmäßig verteilt sein. Bei Bedarf mit den Händen in Form bringen.
4. An einem warmen Ort etwa 30 Min. aufgehen lassen.
5. Mit den Fingern kleine Dellen in den Teig drücken und die Butter für den Belag in kleinen Stückchen in die Mulden geben. Gleichmäßig mit Mandeln bestreuen. Zucker, Vanillezucker, Zimt und Salz mischen und gleichmäßig darauf verteilen.
6. Im vorgeheizten Backofen bei 180 °C 30–35 Min. backen.
7. Den fertigen Butterkuchen aus dem Ofen nehmen und abkühlen lassen.

Birnen-Mohn-Käsekuchen

Für 1 Springform (ø 26 cm)

Teig

1 Grundrezept „Mürbeteig“, siehe Seite 22

Birnen-Mohn-Belag

3 Birnen ⁕ 1 EL Zitronensaft ⁕ 1 Pkg. (250 g) fertige glutenfreie **MOHNFÜLLUNG / laktose- und milcheiweißfreie Variante siehe unten** ⁕ 100 g **SCHMAND**, ggf. laktosefrei / **Schmandersatz auf Sojabasis** ⁕ 2 Eier ⁕ ½ Pkg. Vanillepuddingpulver

Quarkbelag

2 Eier, getrennt ⁕ 350 g **MAGERQUARK**, ggf. laktosefrei / **300 g Quarkersatz auf Sojabasis** ⁕ 150 ml **MILCH**, ggf. laktosefrei / **Cashewdrink** ⁕ 100 g **SCHMAND**, ggf. laktosefrei / **SCHMANDERSATZ AUF SOJABASIS** ⁕ 80 g Zucker ⁕ 75 ml Speiseöl ⁕ 1 Pkg. Vanillepuddingpulver ⁕ 1 Pkg. Vanillezucker ⁕ ½ TL Abrieb von 1 Bio-Zitrone

1. Den Teig nach Rezept herstellen, dann eine ungefettete Springform damit auslegen und dabei einen kleinen Rand hochziehen. Im Kühlschrank 30 Min. ruhen lassen.
2. Die Birnen schälen, vierteln, entkernen und klein würfeln, mit Zitronensaft beträufeln.
3. Die restlichen Zutaten für den Birnen-Mohn-Belag glatt rühren und die Birnenwürfel unterheben. Die Masse auf den Mürbeteig streichen.
4. Für den Quarkbelag die Eiweiße steif schlagen und kühl stellen. Alle restlichen Zutaten in eine Schüssel geben und glatt rühren. Den Eischnee unter die Quarkmasse ziehen und auf die Mohnfüllung streichen.
5. Im vorgeheizten Backofen bei 175 °C 55–60 Min. backen.
6. Den fertigen Kuchen komplett in der Form auskühlen lassen.

Laktose- oder Milcheiweiß-freie Mohnmasse

ZUTATEN: Milch (ggf. laktosefrei) oder Cashewdrink, 60 g Zucker, 80 g gemahlener Mohn, etwas Abrieb von 1 Bio-Zitrone, 1 Prise Zimt, 1 EL glutenfreies Paniermehl (auf Milchbestandteile achten)

ZUBEREITUNG: Milch und Zucker in einem Topf zum Kochen bringen. Von der Kochstelle nehmen und alle übrigen Zutaten zugeben, gut durchrühren und auskühlen lassen. Dann nach Rezept verfahren und alle weiteren Zutaten für den Birnen-Mohn-Belag unterrühren.

Mohn-Rosenkuchen

Für 1 Springform (ø 26 cm)

Teig

1 Grundrezept „Hefeteig", siehe Seite 21 ⁕ glutenfreies Mehl für die Arbeitsfläche

Füllung

150 ml **MILCH**, ggf. laktosefrei / **Cashewdrink** ⁕ 160 g gemahlener Mohn ⁕ 120 g Zucker ⁕ ½ TL Abrieb von 1 Bio-Zitrone ⁕ 1 Prise Zimt ⁕ 2 EL glutenfreies **PANIERMEHL / auf Milchbestandteile achten** ⁕ 100 g **SCHMAND**, ggf. laktosefrei / **Schmandersatz auf Sojabasis** ⁕ **FETT** für die Form, ggf. laktosefrei / **auf Milchbestandteile achten**

Außerdem

2 EL **SAHNE**, ggf. laktosefrei, zum Bestreichen der Teiglinge / **Kochsahneersatz auf Mandelbasis** ⁕ etwas Puderzucker oder 125 g Puderzucker und 2–3 TL Zitronensaft für eine Zuckerglasur

1. Für die Mohnfüllung Milch in einem Topf zum Kochen bringen. Von der Kochstelle nehmen und Mohn, Zucker, Zitronenabrieb, Zimt und Paniermehl unterrühren. Die Füllung komplett auskühlen lassen.
2. Den Hefeteig nach Rezept herstellen. Auf eine gut bemehlte Arbeitsfläche geben. Den Teig bemehlen, kurz mit den Händen kneten und zu einem ½ cm dicken Rechteck ausrollen.
3. Schmand unter die Mohnfüllung rühren, dann die Füllung gleichmäßig auf den Teig streichen.
4. Den Teig von der Längsseite her aufrollen und von der Teigrolle jeweils 3 cm breite Stücke abschneiden. Die Teigrollen in eine gefettete Springform legen, sodass das Rollenmuster zu sehen ist. Es darf ruhig etwas Platz zwischen den Teigrollen sein. Der Hefeteig geht noch auf und so schließen sich die Lücken von selbst.
5. Die Teigrollen mit Sahne bepinseln und an einem warmen Ort etwa 1 Std. aufgehen lassen.
6. Im vorgeheizten Backofen bei 180 °C etwa 35 Min. backen. Den fertigen Rosenkuchen aus dem Ofen nehmen, vorsichtig auf ein Kuchengitter heben und komplett auskühlen lassen.
7. Je nach Geschmack mit Puderzucker bestäuben oder mit einer Zuckerglasur aus Puderzucker und Zitronensaft überziehen.

Streusel-Obstkuchen mit Vanillefüllung

Für 1 Springform
(ø 26 cm)

Teig
1 Grundrezept „Mürbeteig", siehe Seite 22 ⁕ glutenfreies Mehl für die Arbeitsfläche

Füllung
500 ml **MILCH**, ggf. laktosefrei / **Cashewdrink** ⁕ 1½ Pkg. Vanillepuddingpulver ⁕ 120 g Zucker ⁕ 200 g **SCHMAND**, ggf. laktosefrei / **Schmandersatz auf Sojabasis** ⁕ 500 g Obst, zum Beispiel Kirschen, Johannisbeeren, Stachelbeeren, Äpfel usw., entkernt und nach Bedarf in kleine Stücke geschnitten

Streusel
1–2 EL helle glutenfreie Mehlmischung ⁕ 1 Pkg. Vanillezucker

1. Den Mürbeteig nach Rezept herstellen. Zwei Drittel des Teiges auf einer bemehlten Arbeitsfläche ausrollen und eine ungefettete Springform damit auslegen. Einen kleinen Rand hochziehen. Die befüllte Springform und den restlichen Teig 30 Min. im Kühlschrank ruhen lassen.
2. Für die Füllung aus Milch, Vanillepuddingpulver und Zucker einen Pudding nach Anleitung kochen. Auskühlen lassen, Schmand unterrühren.
3. Puddingcreme auf den Teig streichen, vorbereitetes Obst darauf verteilen.
4. Für die Streusel den Teigrest mit 1–2 EL glutenfreiem Mehl und Vanillezucker mischen und mit den Händen abbröseln. Gleichmäßig über den Kuchen streuen.
5. Im vorgeheizten Backofen bei 175 °C 50–60 Min. backen. In der Form auskühlen lassen.

Buttermilch-Käsekuchen

Für 1 Springform (*ø 26 cm*)

Teig

1 Grundrezept „Mürbeteig", siehe Seite 22

Belag

500 g **MAGERQUARK**, ggf. laktosefrei / **450 g Quarkersatz auf Sojabasis** ⁕ 500 ml **BUTTERMILCH**, ggf. laktosefrei / **450 g Joghurtersatz auf Sojabasis** ⁕ 150 g flüssige **BUTTER**, ggf. laktosefrei / **vegane Margarine** ⁕ 2 Eier ⁕ 170 g Zucker ⁕ 1 Pkg. Vanillepuddingpulver ⁕ 2 Pkg. Vanillezucker

Buttermilch verleiht der Kuchenmasse eine besonders zarte Struktur. Freuen Sie sich auf einen himmlisch köstlichen Käsekuchen!

1. Den Mürbeteig nach Anleitung herstellen, eine ungefettete Springform damit auslegen und einen kleinen Rand hochziehen. Den Teig mitsamt der Springform etwa 30 Min. in den Kühlschrank stellen.
2. Für den Belag alle Zutaten verrühren und auf den Mürbeteig geben.
3. Im vorgeheizten Backofen bei 180 °C etwa 65 Min. backen. Den Kuchen nach der halben Backzeit mit Alufolie abdecken, damit er nicht zu dunkel wird.
4. Den fertigen Kuchen aus dem Ofen nehmen und komplett in der Form auskühlen lassen.

Anmerkung

Der Kuchen ist direkt aus dem Ofen sehr weich! Ausgekühlt ist er jedoch schön schnittfest, saftig und köstlich!

Florentiner Apfelkuchen

Für 1 Springform *(ø 26 cm)*

Teig

1 Grundrezept „Mürbeteig", siehe Seite 22

Füllung

1 kg Äpfel ⁕ 30 g Zucker ⁕ 2 Pkg. Vanillezucker ⁕ 40 g Rosinen ⁕ ½ TL Zimt ⁕ 1 Prise Nelkenpulver ⁕ 2 EL Zitronensaft

Belag

90 g **BUTTER**, ggf. laktosefrei / **vegane Margarine** ⁕ 50 g **SAHNE**, ggf. laktosefrei / **Kochsahneersatz auf Kokosbasis** ⁕ 100 g Honig ⁕ 30 g Zucker ⁕ 1 Pkg. Vanillezucker ⁕ 1 Prise Salz ⁕ 150 g gehobelte Mandeln

Tipp

Schlagsahne zum Kuchen reichen.

Probieren Sie diese schmackhafte Apfelkuchen-Variante – Sie werden begeistert sein, wie köstlich sie durch die aromatische Mandelschicht schmeckt!

1. Den Mürbeteig nach Rezept herstellen und eine ungefettete Springform damit auslegen, dabei einen etwa 5 cm hohen Rand hochziehen. Den Teig mitsamt der Springform 30 Min. im Kühlschrank ruhen lassen.
2. Unterdessen die Füllung zubereiten. Äpfel schälen, vierteln, entkernen und die Apfelviertel in dünne Spalten schneiden. Apfelspalten mit allen restlichen Zutaten für die Füllung mischen, auf den Mürbeteig geben und glatt streichen.
3. Für den Belag Butter, Sahne, Honig, Zucker, Vanillezucker und Salz in einen Kochtopf geben. Alles unter Rühren aufkochen und etwa 2 Min. köcheln lassen. Mandeln untermischen und die Masse gleichmäßig auf die Apfelschicht geben.
4. Im vorgeheizten Backofen bei 180 °C 45–50 Min. backen.
5. Den fertigen Kuchen aus dem Ofen nehmen und komplett in der Form auskühlen lassen. Anschließend auf eine Tortenplatte geben.

Nuss-Schoko-Gugelhupf

Für 1 Gugelhupf-form (ø 22 cm)

FETT für die Form, ggf. laktosefrei / **auf Milchbestandteile achten** ⁕ glutenfreies **PANIERMEHL** für die Form / **auf Milchbestandteile achten** ⁕ 1 Grundrezept „Quark-Öl-Teig", siehe Seite 23 ⁕ 1 EL **MILCH**, ggf. laktosefrei, zum Bepinseln / **Cashewdrink**

Füllung 80 g **ZARTBITTER-KUVERTÜRE**, ggf. laktosefrei / **vegane Kuvertüre** ⁕ 150 g **SCHOKO-CREME**, ggf. laktosefrei / **vegane Schokocreme** ⁕ 120 g gemahlene Haselnüsse ⁕ 1 Prise Zimt ⁕ 1 Prise Nelkenpulver

Guss 150 g Puderzucker ⁕ 1 EL Zitronensaft ⁕ 2 EL Wasser

1. Die Gugelhupfform gut fetten und mit glutenfreiem Paniermehl ausstreuen.
2. Für die Füllung Zartbitterkuvertüre und Schokocreme im Wasserbad schmelzen.
3. Unterdessen den Teig nach Rezept herstellen. Er soll keinesfalls zu fest sein, sondern weich, aber dennoch gut knetbar. Den Teig zu einem Rechteck von etwa 25 x 45 cm ausrollen.
4. Haselnüsse, Zimt und Nelken unter die Schokomasse rühren und diese sofort gleichmäßig auf den Teig streichen. Den Teig von der Längsseite her aufrollen, in die Gugelhupfform einlegen und mit Milch bepinseln.
5. Im vorgeheizten Backofen bei 180 °C 38–40 Min. backen.
6. Den fertigen Gugelhupf aus dem Ofen nehmen, kurz in der Form ausdampfen lassen, dann auf ein Kuchengitter geben und komplett auskühlen lassen.
7. Für den Guss alle Zutaten verrühren, den Gugelhupf damit überziehen und trocknen lassen.

Tipp

Anstatt der Haselnüsse können sehr gut gemahlene Mandeln, Walnüsse oder Erdmandelflocken zum Einsatz kommen.

Heidelbeer-Streuselkuchen

Für 1 Springform (ø 26 cm)

Teig

140 g helle glutenfreie Mehlmischung ✻ 60 g Tapioka- oder Kartoffelstärke ✻ 50 g Zucker ✻ 1 Pkg. Vanillezucker ✻ ¾ Pkg. Backpulver ✻ ½ gestrichener TL Xanthan ✻ 1 Prise Salz ✻ 160 g **QUARK**, 20 % Fett, ggf. laktosefrei / **140 g Quarkersatz auf Sojabasis** ✻ 4 EL Speiseöl ✻ 1 Ei ✻ glutenfreies Mehl für die Arbeitsfläche ✻ **FETT** für die Form, ggf. laktosefrei / **auf Milchbestandteile achten**

Belag

250 g **MAGERQUARK**, ggf. laktosefrei / **225 g Quarkersatz auf Sojabasis** ✻ 75 ml Speiseöl ✻ 60 ml **MILCH**, ggf. laktosefrei / **Cashewdrink** ✻ 60 g Zucker ✻ 2 TL Vanillepuddingpulver ✻ 1 Ei ✻ 300 g Tiefkühl-Heidelbeeren, aufgetaut

Streusel

70 g helle glutenfreie Mehlmischung ✻ 40 g Rohrohrzucker ✻ 40 g kalte **BUTTER**, ggf. laktosefrei / **30 g vegane Margarine** ✻ 1 Prise Zimt

Tipp

Statt der Heidelbeeren können Sie auch andere Beeren verwenden.

Dieser Kuchen ist ein Klassiker und kommt bei mir zu allen Jahreszeiten auf den Tisch – mit den unterschiedlichsten Beeren und Früchten.

1. Für den Teig alle trockenen Zutaten in eine Rührschüssel geben und mischen. Die restlichen Zutaten auf das Mehlgemisch geben und alles zu einem glatten Teig verkneten. Dieser soll weich, aber knetbar sein – bei Bedarf noch 2–3 EL Milch zugeben und einkneten. 30 Min. zugedeckt ruhen lassen.
2. Den Teig nochmals kurz durchkneten, auf einer bemehlten Arbeitsfläche ausrollen und eine gefettete Springform damit auslegen. Einen kleinen Rand hochziehen.
3. Alle Zutaten für den Quarkbelag, außer die Heidelbeeren, verrühren und auf den Teig streichen. Die Heidelbeeren darauf verteilen.
4. Für den Streuselbelag Mehl, Zucker, kalte Butter in Stückchen und Zimt in eine Schüssel geben. Alle Zutaten mit den Händen gut abbröseln, sodass sie gut gemischt sind. Auf den Kuchen streuen.
5. Im vorgeheizten Backofen bei 180 °C etwa 40 Min. backen. Den Kuchen in der Form komplett auskühlen lassen.

Limonadenschnitten

Für 1 Backblech (*30 x 40 cm*)

= etwa 15 Schnitten

Teig

5 Eier ⁕ 250 g Zucker ⁕ 300 g helle glutenfreie Mehlmischung ⁕ 1 Pkg. Backpulver ⁕ 120 ml Speiseöl ⁕ 180 ml glutenfreie Orangenlimonade ⁕ **FETT** oder Öl für das Backblech, ggf. laktosefrei / **auf Milchbestandteile achten**

Belag

1 Dose Pfirsiche (480 g Abtropfgewicht) ⁕ 600 ml **SAHNE**, ggf. laktosefrei / **aufschlagbarer Sahneersatz auf Kokosbasis** ⁕ 3 Pkg. Sahnesteif ⁕ 3 Pkg. Vanillezucker ⁕ 500 g **SCHMAND**, ggf. laktosefrei / **450 g Schmandersatz auf Sojabasis** ⁕ 2 EL Zucker

Zum Bestreuen

2 EL Zucker ⁕ 1 TL Zimt

Der luftige Rührkuchen ist schnell gemacht und beliebt bei Groß und Klein: Mit der leckeren Schicht aus Schmand und Pfirsichen, bestreut mit Zimt und Zucker, lieben ihn alle! Da dürfen es gerne auch zwei Schnitten sein!

1. Für den Rührteig Eier und Zucker mit dem Rührgerät sehr schaumig rühren. Mehl und Backpulver mischen und unter die Schaummasse rühren. Öl und Limonade zugeben und verrühren.
2. Den Teig auf ein gefettetes Backblech geben und im vorgeheizten Backofen bei 160 °C 30–35 Min. backen. Aus dem Ofen nehmen und auskühlen lassen.
3. Die abgetropften Pfirsiche für den Belag klein würfeln. Sahne, Sahnesteif und Vanillezucker fest aufschlagen. Schmand, Zucker und Pfirsichstückchen verrühren, Sahne unterheben.
4. Den Kuchenboden mit der Schmand-Pfirsich-Creme bestreichen und einige Std. kühl stellen.
5. Zucker und Zimt mischen und den Kuchen damit bestreuen. Bis zum Verzehr kühl stellen.

Rhabarberkuchen mit Baiser

Für 1 Springform (*ø 26 cm*)

½ Grundrezept „Quark-Öl-Teig", siehe Seite 23 ⁕ glutenfreies Mehl für die Arbeitsfläche ⁕ **FETT** für die Form, ggf. laktosefrei / **auf Milchbestandteile achten**

Füllung

500 g **QUARK**, ggf. laktosefrei / **450 g Quarkersatz auf Sojabasis** ⁕ ¼ l **MILCH**, ggf. laktosefrei / **Cashewdrink** ⁕ 120 g Zucker ⁕ 100 ml Speiseöl ⁕ 3 Eigelb ⁕ 1 Pkg. Vanillepuddingpulver ⁕ 1 Pkg. Vanillezucker

Belag

500 g Rhabarber ⁕ 3 Eiweiß ⁕ 80 g Puderzucker

Tipp

Die Baisermasse in einen Spritzbeutel mit Lochtülle füllen und Tuffs aufspritzen.

Zur Rhabarberzeit steht bei uns zu Hause dieser Kuchen auf dem Tisch. Die zarte Baiserschicht verleiht ihm ein besonderes Aroma und macht ihn obendrein zum Hingucker.

1. Den Quark-Öl-Teig nach Rezept herstellen. Den Teig auf einer bemehlten Arbeitsfläche ausrollen, eine gefettete Springform damit auslegen und einen Rand hochziehen. Die Springform für 30 Min. in den Kühlschrank stellen.
2. Unterdessen den Rhabarber für den Belag in etwa 1 cm breite Stücke schneiden. Die Rhabarberstücke bissfest dämpfen. Flüssigkeit abgießen und Rhabarberstücke beiseitestellen.
3. Alle Zutaten für die Quarkfüllung verrühren und auf den Teig streichen. Im vorgeheizten Backofen bei 180 °C 50 Min. backen.
4. Den Kuchen aus dem Ofen nehmen und die Rhabarberstücke darauf verteilen.
5. Eiweiße für den Belag steif aufschlagen. Dann unter Rühren den Puderzucker einrieseln lassen und eine sehr steife Eischneemasse herstellen. Eischnee auf den Rhabarber streichen und den Kuchen komplett damit bedecken. Weitere 15 Min. bei 180 °C backen.
6. Den fertigen Kuchen aus dem Ofen nehmen und komplett in der Form auskühlen lassen.

Schoko-Käsekuchen vom Blech

Für 1 Backblech (*30 x 40 cm*)

Teig

250 g weiche **BUTTER**, ggf. laktosefrei / **200 g vegane Margarine** ⁎ 200 g Zucker ⁎ 2 Pkg. Vanillezucker ⁎ 1 große Prise Salz ⁎ 6 Eier (Gr. M) ⁎ 250 g helle glutenfreie Mehlmischung ⁎ 200 g **SCHOKOSTREUSEL**, ggf. laktosefrei / **vegane Kuvertüre, geraspelt** ⁎ 100 ml **MILCH**, ggf. laktosefrei / **Reisdrink** ⁎ 2 EL ungesüßtes Kakaopulver ⁎ 1 Pkg. Backpulver ⁎ **FETT** für das Backblech, ggf. laktosefrei / **auf Milchbestandteile achten**

Füllung

500 g **MAGERQUARK ODER QUARK**, 20 % Fett, ggf. laktosefrei / **Quarkersatz auf Sojabasis** ⁎ 85 g Zucker ⁎ 80 ml Speiseöl ⁎ 4 Eier ⁎ 1 Pkg. Vanillepuddingpulver

1. Für den Teig Butter, Zucker, Vanillezucker und Salz schaumig rühren. Nach und nach die Eier zufügen und eine dick-cremige Schaummasse herstellen. Alle restlichen Zutaten zur Schaummasse geben und gut verrühren. Den Teig auf das gefettete Backblech streichen.
2. Für die Käsekuchenfüllung alle Zutaten gut verrühren, sodass eine gleichmäßige Masse entsteht. Die Quarkmasse esslöffelweise auf dem Schokoteig verteilen.
3. Den Kuchen im vorgeheizten Backofen bei 180 °C 35–40 Min. backen. Aus dem Ofen nehmen und komplett auskühlen lassen.

Tipp

Den Kuchen mit Puderzucker bestäuben.

Versunkener Kirschkuchen

Für 1 Springform (*ø 26 cm*)

150 g weiche **BUTTER**, ggf. laktosefrei / **vegane Margarine** * 150 g Puderzucker * 1 Prise Salz * 5 Eier (Gr. M), getrennt * 100 g **ZARTBITTERSCHOKOLADE**, ggf. laktosefrei, geschmolzen / **vegane Kuvertüre** * 1 EL Kirschwasser (optional) * 150 g gemahlene Nüsse oder Mandeln* * 50 g helle glutenfreie Mehlmischung * 1 EL ungesüßtes Kakaopulver * ½ Pkg. Backpulver * **FETT** für die Form, ggf. laktosefrei / **auf Milchbestandteile achten** * 1 Glas Schattenmorellen (350 g Abtropfgewicht), abgetropft, oder 350–400 g frische Kirschen, entsteint * Puderzucker zum Bestäuben

* Tipp für Nussallergiker

Gemahlene Erdmandelflocken statt der Nüsse oder Mandeln verwenden.

Tipp

Die anderthalbfache Zutatenmenge reicht für ein Backblech (30 x 40 cm). Den Kuchen in Rechtecke schneiden und auf einer Kuchenplatte anrichten.

Sobald die Kirschsaison beginnt, backe ich diesen köstlichen Rührteigkuchen. Die softe Textur, verfeinert mit aromatischen Kirschen – das ist Kuchengenuss pur!

1. Butter, 100 g Puderzucker, Salz und Eigelbe schaumig rühren. Zartbitterschokolade und Kirschwasser unterrühren.
2. Eiweiße mit 50 g Puderzucker steif schlagen.
3. Nüsse, Mehl, Kakao und Backpulver mischen und mit dem Eischnee auf die Schaummasse geben. Alles vorsichtig und locker mit einem Schneebesen verrühren.
4. Den Teig in eine gefettete Springform einfüllen und mit den Kirschen belegen.
5. Im vorgeheizten Backofen bei 180 °C 40–45 Min. backen.
6. Den Kuchen in der Form komplett auskühlen lassen. Dann mit einem Tortenheber auf eine Kuchenplatte geben. Mit Puderzucker bestäuben.

Zitronenkuchen vom Blech

Für 1 Backblech
(30 x 40 cm)

Teig

6 Eier, getrennt ⁕ 350 g **BUTTER**, ggf. laktosefrei / **300 g vegane Margarine** ⁕ 280 g Zucker ⁕ Saft und Abrieb von 2 Bio-Zitronen ⁕ 300 g helle glutenfreie Mehlmischung ⁕ 1 Pkg. Backpulver ⁕ **FETT** für das Backblech, ggf. laktosefrei / **auf Milchbestandteile achten**

Guss

200 g Puderzucker ⁕ Saft von 1 Zitrone

Der saftige Zitronenkuchen begleitet mich seit Kindertagen, wenngleich er damals noch Gluten enthielt. Aber: Es geht und schmeckt auch ohne!

1. Die Eiweiße steif schlagen.
2. Butter und Zucker weiß-schaumig rühren. Eigelbe sowie Zitronensaft und -abrieb zugeben und gut unterrühren.
3. Mehl und Backpulver mischen, auf die Schaummasse sieben und einen glatten Teig herstellen. Den Eischnee locker unter den Teig ziehen.
4. Den Teig auf ein gefettetes Backblech streichen und im vorgeheizten Backofen bei 180 °C 25–30 Min. backen. Den fertigen Kuchen aus dem Ofen nehmen und komplett auskühlen lassen.
5. Für den Guss Puderzucker und Zitronensaft verrühren, auf den Kuchen streichen und trocknen lassen.

THEORIE

Zöliakie

Die lebenslang andauernde chronische Erkrankung des Dünndarms wird durch eine Unverträglichkeit gegenüber dem Klebereiweiß Gluten ausgelöst.

Gluten ist in den meisten Getreidesorten enthalten, wie z. B. in Weizen, Roggen, Gerste, Dinkel, Grünkern, Triticale, sowie in älteren Getreidesorten, wie Emmer, Urkorn, Einkorn und Khorasan-Weizen. Hafer ist von Natur aus glutenfrei – konventionell angebauter und verarbeiteter Hafer wird jedoch durch den Kontakt mit glutenhaltigem Getreide verunreinigt.

Durch den Verzehr glutenhaltiger Speisen entzündet sich bei Menschen mit Zöliakie die Dünndarmschleimhaut – die Falten im Darm bilden sich zurück. Diese sogenannten Zotten sind zuständig für die Aufnahme und Verwertung der Nahrung. Werden sie zerstört, verkleinert sich die Schleimhautoberfläche, weniger Nährstoffe gelangen in den Körper und es kommt zu Mangelerscheinungen, die sich durch folgende Symptome ausdrücken:

- Beschwerden wie Übelkeit, Bauchschmerzen, Blähungen, Durchfall, Verstopfung, Appetitlosigkeit, Kalzium- und Eisenmangel und Gewichtsverlust
- Folgeerscheinungen wie Müdigkeit, Erschöpfung, Migräne, Wachstumsstörungen, Knochen- und Gelenkbeschwerden und/oder Depressionen
- zusätzliche Symptome bei Kindern sind verzögerte Pubertät, Weinerlichkeit, Unlust oder Wachstumsstörungen

Unabdingbar: eine ärztliche Diagnosestellung

Die Wissenschaft geht derzeit davon aus, dass es sich bei Zöliakie um eine Mischform von Allergie und Autoimmunerkrankung handelt. Unklar ist, wie sie entsteht. Vieles spricht für eine Kombination aus genetischer Veranlagung und Umwelteinflüssen wie Infektionen. Eine nicht zu unterschätzende Rolle spielt die Stabilität des Immunsystems, die beispielsweise von der Dauer der Stillzeit im Säuglingsalter bestimmt wird.

Die Diagnose sollte unbedingt ein Arzt stellen. Schnelltests für zu Hause sind keine Alternative! Der Arzt wird zunächst eine Antikörperbestimmung durchführen. Zur endgültigen Absicherung der Diagnose wird das Gewebe des Dünndarms untersucht, um typische Veränderungen der Dünndarmschleimhaut festzustellen. Nehmen Sie vor diesen Untersuchungen keine Ernährungsumstellung vor, sonst werden die Testergebnisse verfälscht.

Glutenfreie Ernährung – die einzige Behandlungsmethode!

Zur Behandlung der Zöliakie gibt es derzeit keine andere Methode als die Einhaltung einer strikten Diät. Dabei ist die konse-

Der glutenfreie Arbeitsplatz in der Küche

Glutenfreie Lebensmittel dürfen nicht mit Gluten kontaminiert werden. Achten Sie deshalb auf einen absolut sauberen Arbeitsplatz in Ihrer Küche – vor allem, wenn Sie sowohl glutenfrei als auch glutenhaltig kochen und backen.

* Verwenden Sie für glutenfreie Produkte eigene Toaster und Brotschneidemaschinen.

* Gluten kann sich in Holzrillen festsetzen. Ersetzen Sie deshalb Kochlöffel, Teigrollen und Schneidebretter aus Holz durch Gegenstände aus anderen Materialien.

* Getreidemühlen für glutenfreies Mehl sollten mit glutenfreiem Getreide eingemahlen und nur für glutenfreie Getreidesorten benutzt werden.

* Nehmen Sie zum Essen glutenfreier Nahrung immer separates Besteck sowie separate Brettchen oder Teller – und für deren Reinigung eigene Spül-, Geschirr- und Handtücher.

* Benutzen Sie bei gleichzeitiger Zubereitung von glutenfreien und glutenhaltigen Nudeln getrennte Kochtöpfe, verschiedene Löffel zum Rühren und zweierlei Nudelsiebe.

* Frittieren Sie Kartoffelprodukte, Gebäck, Obst oder Gemüse in einem anderen Frittierfett als glutenhaltige Lebensmittel.

* Verwenden Sie beim Grillen eine Grillschale für das glutenfreie Grillgut. Vorsicht: Auch fertige Grillmarinaden können glutenhaltig sein.

* Bereiten Sie glutenfreies und glutenhaltiges Bratgut in verschiedenen Pfannen zu oder braten Sie zuerst Glutenfreies, stellen es dann warm und legen dann etwas Glutenhaltiges in die Pfanne.

* Lagern Sie glutenfreie und glutenhaltige Backwaren immer getrennt!

quente Umstellung auf eine glutenfreie Ernährung erforderlich, d. h., Betroffene müssen auf Lebensmittel verzichten, die die oben genannten Getreidesorten enthalten. Auch wer beschwerdefrei geworden ist, darf kein Gluten mehr zu sich nehmen! Die Unverträglichkeit bleibt ein Leben lang bestehen, die Zöliakiesymptome können erneut auftreten.

Gluten findet sich nicht nur in Lebensmitteln, die offensichtlich Mehl enthalten, sondern auch in Produkten wie Eiscreme, Käse, Wurst, Malzbier, Essig, Teemischungen mit Aromen, Konserven oder Fertiggerichten, Gewürzmischungen und Fruchtsäften mit Ballaststoffzusätzen. Das Klebereiweiß gehört zu den 14 deklarationspflichtigen Hauptallergenen. Aufgrund der Deklarationspflicht für Lebensmittel muss klar erkennbar sein, ob ein Produkt Gluten enthält – das gilt für verpackte wie auch lose Lebensmittel und Gerichte. Im Übrigen nutzt auch die Arzneimittel- und Kosmetikindustrie bei der Produktion von Tabletten, Lippenstift oder Zahnpasta Gluten.

In Reformhäusern, Naturkostläden, in vielen Supermärkten und bei speziellen Online-Versandhändlern findet man aber auch eine große Auswahl an frischen sowie haltbaren glutenfreien Produkten.

MEIN TIPP: **Die „Deutsche Zöliakie Gesellschaft" (DZG) und die „Österreichische Arbeitsgemeinschaft Zöliakie" haben umfangreiche Listen mit glutenfreien Lebens- und Arzneimitteln erstellt, die es in Buchform oder als App gibt. Vereinsmitglieder erhalten ausführliches Informationsmaterial, viele Tipps rund um das Thema Zöliakie und vor allem ärztliche Hilfestellung (siehe Seite 169).**

Unbeschwert feiern und reisen trotz Zöliakie

Ob Sie auf eine Party gehen, ein Restaurant besuchen oder reisen – die Diagnose Zöliakie ist immer dabei. Gut vorbereitet müssen Sie aber auf keine dieser Vergnügungen verzichten. Sind Sie zum Essen eingeladen, informieren Sie Ihre Gastgeber darüber, was Sie nicht zu sich nehmen dürfen, oder bringen Sie glutenfreie Speisen mit. Viele Hotels und Restaurants haben glutenfreie Gerichte auf ihrer Speisekarte.

Erlaubte Lebensmittel – glutenfreie Produkte

Getreide, Pseudogetreide und Süßgräser

Amarant, Buchweizen, Canihua, glutenfreier Hafer, Hirse (alle Sorten, auch Teff), Mais, Quinoa, Reis, Wildreis

Kartoffeln, Wurzeln & Co

Esskastanie, Kartoffel, Marone, Maniok, Süßkartoffel, Yams

Hülsenfrüchte

Bohne, Erbse, Kichererbse, Linse, Mungbohne, Sojabohne (Achtung, bei einigen Hülsenfrüchten können glutenhaltige Rankhilfen zum Einsatz kommen)

Gemüse, Kräuter, Pilze

Alle naturbelassenen Gemüsesorten, Tiefkühl-Gemüse ohne Zusätze, Kräuter und naturbelassene Kräutermischungen, alle Sorten naturbelassener Pilze

Nüsse und Samen

Alle naturbelassenen Nusssorten, Mandeln, naturbelassene Ölsamen: Leinsamen, Mohn, Sesam, Sonnenblumenkerne, Traubenkerne, Kürbiskerne, Pinienkerne

Obst

Alle naturbelassenen Obstsorten, Tiefkühl-Obst ohne Zusätze, ungeschwefelte Früchte

Eier
Eigelb und Eiweiß

Milch und Milchprodukte
Naturbelassene Milch und alle naturbelassenen Milchprodukte

Fleisch und Fleischersatzprodukte
Alle Sorten Fleisch und Innereien in naturbelassener, ungewürzter und unpanierter Form, naturbelassener Tofu

Fisch und Meeresfrüchte
Alle Sorten Fisch, geräucherter Fisch und Meeresfrüchte in naturbelassener, ungewürzter und unpanierter Form, Algen

Fette und Öle
Alle reinen Fette, Öle, Butter, Schweine- und Butterschmalz

Aufstriche
Nussmus, Mandelmus, Honig, reine Marmeladen, Konfitüre und Gelee, Pflaumenmus

Getränke
Reine Teesorten ohne Aromen, reine Frucht- und Gemüsesäfte, reine Nektare, Bohnenkaffee sowie Instant-Bohnenkaffee, Wasser, Sojadrink, Wein, Sekt, Most, Rum, Prosecco, Arrak, Gin, Korn, Branntwein, glutenfreies Bier

Süßungsmittel
Haushaltszucker, Puderzucker, brauner und weißer Kandiszucker, brauner Zucker, Traubenzucker, Fruchtzucker, Zuckerrübensirup, Reissirup, Agavendicksaft, Apfeldicksaft, Milchzucker, Honig, Zuckercouleur

Maltodextrin, Dextrin und Glukosesirup aus Weizen oder anderen Getreidesorten sind aufgrund des Herstellungsprozesses glutenfrei.

Bindemittel und Stärkemehl
Reine Mais-, Reis-, Kartoffel- und Tapiokastärke, Pfeilwurzelstärke, Guarkernmehl, Johannisbrotkernmehl, Agar-Agar, Kuzu, Pektin

Backzutaten
Weinsteinbackpulver, Trockenhefe, Xanthan

Gewürze
Alle reinen Gewürze ohne Füllstoffe und weiteren Zusätze

Würzmittel
Essigessenz, Obstessig, Aceto Balsamico

Glutenhaltige Lebensmittel und Lebensmittel, die Gluten enthalten können

Getreide und Getreideprodukte

Weizen, Roggen, Gerste, Dinkel, Einkorn, Urkorn, Emmer, Triticale, Khorasan-Weizen, Grünkern, Hafer; alle Produkte aus diesen Getreidesorten: Backwaren, Grieß, Graupen, Flocken, Grütze, Schrot, Kleie, Teigwaren, Sprossen, Paniermehl, Couscous, Bulgur, Seitan, Müsli, Frühstückscerealien

Gemüse und Hülsenfrüchte

Fertig- und Halbfertigprodukte aus Kartoffeln wie Kartoffelteig, Kartoffelknödel, Reibekuchen, Rösti, Puffer, Kroketten, Kartoffelsalat, Pommes frites, Chips; Tiefkühl-Gemüse mit Zusatzstoffen und/oder Gewürzmischungen; Hülsenfrüchte als Zutat in Fertig- oder Halbfertiggerichten; Röstzwiebeln

Obst

Obstzubereitungen, eingedickte Früchte, Grütze, Trockenfrüchte, Tiefkühl-Obst mit Geschmackszutaten

Milch und Milchprodukte

Milchprodukte mit Zusatzstoffen und/oder Fruchtzubereitungen und/oder Cerealien, Milchmischgetränke, Käsezubereitungen, Schmelzkäse, Harzer Käse, Käseimitate, Schimmelkäse, Butter mit Zusätzen und/oder Kräutern bzw. Knoblauch, geriebener oder gewürfelter Käse, der als Trennmittel Gluten enthält

Fleisch und Fleischprodukte

Fleisch in bemehlter, panierter, marinierter und/oder gewürzter Form, Wurst, Pasteten, Würstchen, Frikadellen, Fleischfüllungen, Seitan (Fleischersatz aus Weizen)

Fisch und Meeresfrüchte

Panierter und/oder bemehlter Fisch, gebackene Tintenfischringe, Fischstäbchen, Bratfisch, Bratrollmops, Fischkonserven, Surimi, Fisch und Meeresfrüchte mit Würzsoßen

Fette und Öle

Fette und Öle mit Zusatzstoffen wie Kräutern und/oder Gewürzen, Halbfettprodukte, Diät- und Lightprodukte

Getränke

Getreidekaffee, Malzkaffee, Kaffeefertiggetränke, Kaba, Milchmischgetränke, aromatisierter Tee, aromatisiertes Wasser, Malzbier, Limonade, Brause, Cola, Fruchtsaftgetränke, Gemüsesaftgetränke, Säfte mit ballaststoffhaltigen Zusätzen, Liköre, Whiskey (z. B. Malt-Whiskey), Glühwein, Punsch

Süßwaren

Waffeln, Kekse, Schokolade, Fruchtgummi, Kaugummi, Malzbonbons, Lakritze, Puffreis, Popcorn, Eis, Softeis, kandierte Nüsse und Mandeln, Studentenfutter, Pudding, Nuss-Nougat-Creme, Süßwaren mit Cerealien etc.

Knabberartikel

Chips, Erdnussflips, Nachos, Salzstangen, Salzbrezeln, gewürzte Nüsse und Mandeln

Süßungsmittel

Gerstenmalz, Gerstenmalzextrakt, aromatisierter Zucker, Süßstoff, Diabetikersüße

Zusatzstoffe

Aromen, Konservierungsstoffe, Feuchthaltemittel, Trennmittel, Bindemittel

Backzutaten

Backpulver, Tortenguss, Sahnestandmittel, Kuvertüre, gefärbte Gelatine

Gewürze und Kräuter

Gewürzmischungen wie Currypulver, Kräutersalz, aromatisierte Gewürzzubereitungen

Essig und Würzsoßen

Senf, Mayonnaise, Meerrettich, Ketchup, Curryketchup, Soßen, Chutney, Dressing, Sojasoße, Tamari, Branntweinessig, Kräuteressig, Malzessig, Brühe und Bouillon

Glutenfrei backen

GLUTENFREIE MEHLE

Wer einmal versucht hat, bei einem Rezept einfach nur die Mehlsorte auszutauschen, um ein glutenfreies Produkt zu erhalten, der weiß, dass das nicht funktioniert. Ich habe diese Erfahrung gemacht, als ich einen Marmorkuchen backen wollte und Weizenmehl durch die gleiche Menge Maismehl ersetzte. Das Ergebnis: ein derart trockener Kuchen, dass mir die Brösel im Halse stecken geblieben sind.

Weizenmehl für Kuchen, Roggenmehl für Brot, da und dort noch Dinkelmehl – so einfach gestaltet sich die Wahl der Mehlsorte bei der Herstellung glutenhaltiger Backwaren. Für glutenfreie Kuchen oder Brote gibt es hingegen eine wesentlich größere Spannbreite an Mehlen – und schnell verliert man den Überblick über die vielen Sorten.

Glutenfreier Mehlersatz

Amarantmehl, Buchweizenmehl, Canihuamehl, glutenfreies Hafermehl (jedoch ausschließlich mit der Deklaration „glutenfrei"!), Hirsemehl (Braun-, Rot- und Goldhirsemehl, Sorghum-Mehl, Millet-Mehl, Teffmehl), Kartoffelmehl, Klebreismehl, Kochbananenmehl, Lupinenmehl, Maismehl, Montinamehl, Quinoamehl, Reis- und Reisvollkornmehl, Sojamehl, Süßkartoffelmehl

Glutenfreies Stärkemehl

Glutenfreie Weizenstärke, Kartoffelstärke, Maisstärke, Reisstärke, Tapiokastärke

Glutenfreie Mehle aus Nüssen, Saaten und Bohnen

Cashewmehl, Erdnussmehl, Haselnussmehl, Kastanienmehl, Kichererbsenmehl, Kokosmehl, Macadamiamehl, Mandelmehl, Pekannussmehl, Pistazienmehl, Sesammehl, Sojamehl, Traubenkernmehl, Walnussmehl

BACK- UND MEHLMISCHUNGEN

Glutenfreie Backmischungen

Von Zöliakie Betroffene finden in einschlägigen Geschäften und bei Online-Versandhändlern eine gute Auswahl an glutenfreien Backmischungen für Brot, Kuchen, Kekse oder Waffeln. Die Mischungen sind perfekt abgestimmt und enthalten neben den Mehlen auch Bindemittel und weitere Zutaten. Meist braucht man dann nur wenige zusätzliche Dinge wie Eier, Milch, Wasser, Öl und Hefe. Manche Backmischungen enthalten allerdings Bestandteile wie glutenfreie Weizenstärke, glutenfreien Hafer, Laktose, Milcheiweiß und Fruktose.

Vorsicht also bei weiteren Unverträglichkeiten!

⁕ Glutenfreie Mehlmischungen

Im Gegensatz zu Backmischungen sind Mehlmischungen lediglich ein Mehlersatz. Meist setzen sie sich aus reinen glutenfreien Mehlen, Stärkemehlen sowie einem Binde- und Verdickungsmittel zusammen. Erhältlich sind speziell abgestimmte Mischungen für Brot und Brötchen, Kuchen, Kekse und Nudelteig sowie Universalmehlmischungen. Welches Produkt Sie verwenden, hängt von Ihrem persönlichen Geschmack und der gewünschten Textur der fertigen Backwaren ab. Jede Mehlmischung erfordert eine andere Menge an Flüssigkeit und bringt ein anderes Teig- und Backergebnis hervor.

⁕ Mehlmischungen selbst gemischt – einige Beispiele

Eine helle Mehlmischung für Kuchen aus Biskuit, Brandteig, Hefeteig, Mürbeteig oder Strudelteig, für süße Mehlspeisen und helle Brotsorten, Brötchen und Pizza (durch den hohen Stärkeanteil erhalten die Backwaren eine feine und luftige Textur):

⁕ 400 g Reis- oder Maisstärke, 300 g Reismehl, 250 g Kartoffelstärke, 50 g Maismehl, 20 g Flohsamenschalenpulver, 2 TL Johannisbrotkernmehl

Die zwei nachfolgenden Mehlmischungen bringen aufgrund des niedrigeren Stärkeanteils eher kompakte Backwaren und Gerichte hervor, die Vollkornprodukten ähneln.

⁕ 640 g Reismehl, 200 g Kartoffelstärke, 100 g Maismehl, 60 g Tapiokastärke, 20 g Flohsamenschalenpulver, 2 TL Guarkernmehl

⁕ 500 g Maismehl, 200 g Amarantmehl, 240 g Maisstärke, 60 g Kartoffelstärke, 20 g Flohsamenschalenpulver, 2 TL Johannisbrotkernmehl

⁕ Die Mehlmischungen in den Rezepten

Die in den Rezepten genannten Mehlmischungen – angegeben als „helle glutenfreie Mehlmischung" – haben einen hohen Stärkegehalt. Sie können hier auch zu Fertigmehlmischungen auf Maismehlbasis greifen. Wenn Sie Mischungen auf Reismehlbasis bevorzugen, sollten Sie etwa 20 Prozent mehr als die im Rezept angegebene Mehlmenge verwenden. Beachten Sie stets den veränderten Feuchtigkeitsbedarf aufgrund der unterschiedlichen Mischungsrezepturen.

Mehlmischungen enthalten meist Binde- und Verdickungsmittel. Wird im Buch ein weiteres dieser Mittel (Flohsamenschalenpulver, Xanthan, Johannisbrotkernmehl oder Guarkernmehl) aufgeführt, so setzen Sie es bitte nach Rezept ein. Nur dadurch lässt sich ein formstabiles und perfektes Ergebnis erzielen.

⁕ Der Flüssigkeitsbedarf macht den Unterschied!

Auch wenn Sie nach exakt dem gleichen Rezept backen, kann das Ergebnis einmal gelingen, einmal völlig ungenießbar ausfallen. Flüssigkeitsbedarf und Quelleigenschaft der am Markt erhältlichen reinen glutenfreien Mehlsorten sind nämlich sehr

unterschiedlich. Glutenfreie Fertigmehlmischungen, eine Komposition aus reinen glutenfreien Mehl- und Stärkesorten, benötigen natürlich ebenfalls unterschiedliche Flüssigkeitsmengen. Sie finden hierzu ein hilfreiches Video in meinem YouTube-Kanal „Tanjas glutenfreies Kochbuch" mit dem Titel „Glutenfreie Mehle: Der unterschiedliche Flüssigkeitsbedarf".

GLUTENFREIE BINDE- UND VERDICKUNGSMITTEL

Flohsamenschalen

Die geschmacksneutralen Samenkapseln einer Wegerichart sind ein beliebtes Binde- und Verdickungsmittel in der glutenfreien Bäckerei. Sie können außergewöhnlich viel Flüssigkeit aufnehmen – Backwaren erhalten dadurch eine saftige, elastische Textur und gute Bindung. Ungemahlene Flohsamenschalen sind im Handel erhältlich, in dieser Form jedoch nicht so gut für die glutenfreie Bäckerei geeignet. Ideal ist ein Pulver: Je feiner die Pflanzenfasern vermahlen sind, desto mehr Flüssigkeit können sie aufnehmen und desto besser ist das Backergebnis. Als Richtwert für den Einsatz von Flohsamenschalenpulver gelten zwei Teelöffel pro 500 Gramm Brotmehl. Ob Sie das Pulver direkt zu den trockenen Zutaten mischen oder vorab in Wasser einrühren sollen, entnehmen Sie bitte dem jeweiligen Rezept.

Xanthan (E 415)

Die Nahrungsmittel- und Kosmetikindustrie nutzt das zuverlässige Bindemittel seit vielen Jahren. Es ist für Öko-Lebensmittel zugelassen und begegnet uns in z. B. Saucen, Fruchtzubereitungen, Fertiggerichten oder auch in Kaugummis oder Zahnpasta. Besonders in der Plätzchenbäckerei, also für Mürbeteige, ist Xanthan ein hilfreiches Binde- und Verdickungsmittel, um gut formbare, elastische und nicht bröselige Teige herzustellen. Aber auch für Hefe- und Quark-Öl-Teig ist Xanthan ein zuverlässiges Hilfsmittel. Für 250 g glutenfreie Mehlmischung reicht ein gestrichener Teelöffel Xanthan. Wichtig ist eine genaue Dosierung: Zu viel Xanthan, insbesondere bei Mürbeteigen, lässt die Backwaren gummiartig und extrem trocken werden. Weniger ist bei Xanthan immer mehr!

Guarkernmehl (E 412)

Aus den Samen der Guarbohne wird das Binde- und Verdickungsmittel Guarkernmehl hergestellt. Es sorgt für eine gute Teigstruktur und Volumen, da es in der Lage ist, große Wassermengen zu binden. Für 250 Gramm glutenfreies Mehl verwendet man einen Teelöffel Guarkernmehl.

Johannisbrotkernmehl (E410)

Die Samen des Johannisbrotbaumes liefern die Basis für das Johannisbrotkernmehl. Es bindet Wasser sehr gut und besitzt eine hohe Quellfähigkeit. Für 250 Gramm glutenfreies Mehl verwendet man ebenfalls einen Teelöffel Johannisbrotkernmehl.

Laktoseintoleranz

Wer unter einer Laktoseintoleranz leidet, verträgt keinen Milchzucker (Laktose). Ursache dafür ist ein Mangel am Enzym Laktase.

Symptome einer Laktoseintoleranz

Die Laktase sorgt in der Dünndarmschleimhaut für die Aufspaltung der Laktose in ihre Bestandteile Glukose (Traubenzucker) und Galaktose (Schleimzucker). Findet diese Aufspaltung nicht statt, wird die Laktose nicht ins Blut aufgenommen, sondern gelangt unverdaut in den Dickdarm und dient dort Darmbakterien als Nahrungsquelle.

Als Zeichen zeigen sich

- körperliche Symptome wie Durchfall, Verstopfung, Bauchschmerzen, Darmschmerzen, Koliken, Übelkeit, Sodbrennen, Magengrummeln, Aufstoßen, Blähungen, Völlegefühl, Kopfschmerzen und Migräne
- psychische Symptome wie chronische Müdigkeit, Depressionen, Konzentrationsstörungen, innere Unruhe, Hyperaktivität, Gereiztheit, Aggressivität, Lustlosigkeit, Motivationsmangel, Abgeschlagenheit oder Erschöpfungszustände
- allgemeine Symptome wie Infektanfälligkeit, Essstörungen, Heißhungerattacken, Mundgeruch, trockene Schleimhäute, trockene oder fettige Haare

Die Beschwerden und ihre Ausprägung hängen von der Schwere des Laktasemangels und der Menge des verzehrten Milchzuckers ab.

Diagnose und Verträglichkeitsstufen

Die Diagnose wird mittels eines Wasserstoffatemtests gestellt, der darauf basiert, dass Darmbakterien durch die nicht gespaltene Laktose Wasserstoff freisetzen, der in der Ausatemluft gemessen werden kann. Der Patient trinkt in Wasser gelösten Milchzucker, danach werden die Wasserstoffwerte in seiner Ausatemluft analysiert.

Die häufigste Ursache für eine Laktoseintoleranz ist ein vorübergehender

Laktasemangel aufgrund einer anderen Erkrankung (z. B. Zöliakie oder Colitis ulcerosa). Im Gegensatz zur Zöliakie kann die Laktoseintoleranz im Laufe der Zeit besser werden oder gar verschwinden. Oft ist das Enzym Laktase noch geringfügig aktiv, sodass eine gewisse Milchzuckermenge, die jede betroffene Person selbst herausfinden muss, verträglich ist (bis zu 1 g/Tag bei mittelschwerer, 8–10 g/Tag bei leichter Unverträglichkeit). Bei einer akuten Milchzuckerunverträglichkeit müssen Betroffene auf jeglichen Konsum von Milchzucker verzichten.

Nahrungsmittel mit Laktose

Laktose ist grundsätzlich in allen Milchprodukten enthalten, die aus Kuhmilch und aus der Milch von Ziege, Schaf, Büffel, Pferd und Kamel stammen. Dazu gehören auch Produkte wie Schokolade, Bonbons, Nougat, Pralinen oder Eis sowie Fertiggerichte, Konserven, Kartoffelpüreepulver, Wurst- und Backwaren sowie Müslimischungen. Laktose ist oft auch Grundstoff für Tabletten. Produkte, die Milch bzw. Laktose enthalten, müssen laut Deklarationspflicht für Lebensmittel entsprechend gekennzeichnet sein.

Milcheiweißallergie und -unverträglichkeit

Bei einer Milcheiweißunverträglichkeit handelt es sich um eine Abwehrreaktion des Immunsystems gegen die Eiweißbestandteile der Milch – das Milcheiweiß und das Molkeneiweiß.

Symptome einer Milcheiweißallergie/-unverträglichkeit

Milch- sowie Molkeneiweiß können allergieauslösend sein – jedoch mit unterschiedlichen Folgen. Der Milcheiweißallergiker muss auf alle tierischen Milchprodukte verzichten, also auch auf Ziegen-, Schaf- und Stutenmilch. Molkeneiweiß kommt nur in der Kuhmilch vor.

Die Symptome der Milcheiweißallergie sind vielfältig: Juckreiz und Schwellungen an den Schleimhäuten und der Haut, Hautekzeme, Nesselsucht, Asthma, anaphylaktische Reaktion, Magen-Darm-Beschwerden wie Übelkeit, Bauchschmerzen, Blähungen, Koliken, Erbrechen, Durchfall, Verstopfung. Die Diagnose erfolgt über Testdiäten, Allergietests oder Blutuntersuchungen.

Vegane Milchersatzprodukte

Behandelbar sind beide Formen der Milcheiweißallergie durch den Verzicht auf Milcheiweiß. Vegane Milchersatzprodukte erhalten Sie in gut sortierten Reformhäusern, größeren Supermärkten und Naturkostläden.

Butter/Margarine: Margarine (Zutatenliste beachten!), Kokosfett

Eis: Sorbet, Wassereis, veganes Eis auf Soja- oder Kokosbasis

Joghurt/Pudding: Joghurt auf Hanf-, Kokos-, Lupinen- und Sojabasis, Pudding auf Kokos-, Mandel-, Nuss-, Reis- und Sojabasis

Käse: veganer Käseersatz auf Lupinen-, Reis- oder Sojabasis (Käsealternativen wie Frischkäseersatz, Scheiben- oder Streukäseersatz für Pizza und Lasagne; prüfen Sie immer, ob das Produkt im Rahmen einer zusätzlichen glutenfreien Ernährung verträglich ist); Frischkäseersatz auf Cashew- oder Mandelbasis

Milch: pflanzlicher Milchersatz auf Basis von Amarant, Cashew, Hanf, Haselnuss, Hirse, Kokos, Lupinen, Macadamia, Mais, Mandel, Quinoa, Reis, Sesam, Soja, Walnuss

Quark: veganer Quarkersatz auf Sojabasis, Seidentofu

Sahne/Schmand: Kochsahneersatz und aufschlagbarer Sahneersatz auf Kokos-, Mandel-, Reis- und Sojabasis; veganer Saure-Sahne-Ersatz auf Lupinen- und Sojabasis; Sprühsahne auf Reis- und Sojabasis

Schokolade: vegane Schokolade in den unterschiedlichsten Geschmacksrichtungen sowie Schokoaufstrich, Bitterschokolade (mind. 75 % Kakao)

Websites & Co
–
Empfehlungen für Sie

„Tanjas glutenfreies Kochbuch"

Mit über 650 erprobten glutenfreien Rezepten bietet die Website eine umfangreiche und kostenfreie Rezeptsammlung in den Kategorien Vorspeisen, Hauptspeisen, Beilagen, Desserts, Kuchen, Torten, süßes Kleingebäck, Weihnachtsbäckerei, Brot und Brötchen sowie Rezeptideen für Motto- und Partygerichte. Viele Rezepte sind mit Tipps für eine laktosefreie, milchfreie und fruktosearme Zubereitung ergänzt.
rezepte-glutenfrei.de

Videoanleitungen über YouTube

Auf dem YouTube Kanal „Tanjas glutenfreies Kochbuch" finden Sie hilfreiche Videoanleitungen für süße wie herzhafte Backwaren und glutenfreie Gerichte sowie „Theorie mit Tipps und Tricks". Leicht verständlich werden die Eigenschaften der glutenfreien Teige aufgezeigt und problematische Arbeitsschritte anschaulich dargestellt.
youtube.com (Tanjas glutenfreies Kochbuch)

Deutsche Zöliakie Gesellschaft (DZG)

Die DZG ist eine Interessengemeinschaft für Zöliakiebetroffene. Mitglieder erhalten umfangreiches Informationsmaterial über das gesamte Themengebiet: spezielle Lebensmittelaufstellungen, Informationen über Selbsthilfegruppen und Veranstaltungen sowie das vierteljährlich erscheinende DZG Magazin.
Deutsche Zöliakie Gesellschaft e.V. * Kupferstr. 36, 70565 Stuttgart * dzg-online.de

Österreichische Arbeitsgemeinschaft Zöliakie

Mitglieder erhalten umfassende Hilfe anhand einschlägiger Unterlagen wie des Zöliakie-Handbuchs sowie Einladungen zu medizinischen Vorträgen, Kochkursen und Gruppentreffen. Die Zeitschrift „Zöliakie Aktuell", ein Zöliakie-Pass und der Zugang zur Abfrage glutenfreier Lebensmittel über die Website runden das Angebot ab.
Österreichische Arbeitsgemeinschaft Zöliakie * Anton-Baumgartner-Str. 44/C5/2302, 1230 Wien * zoeliakie.or.at

Zöliakie-Austausch

Die größte deutschsprachige Facebookgruppe ermöglicht einen praktischen Erfahrungsaustausch Betroffener im sozialen Netzwerk. Umfangreiche Dateien sowie Infos über einschlägige Veranstaltungen bieten zusätzlich kompetente Hilfe rund um das Thema Zöliakie.
zoeliakie-austausch.de * facebook.com/groups/zoeliakie.austausch

A

B

D

E

F

G

H

J

K

L

M

N

O

P

Q

R

S

T

V

W

X

Z

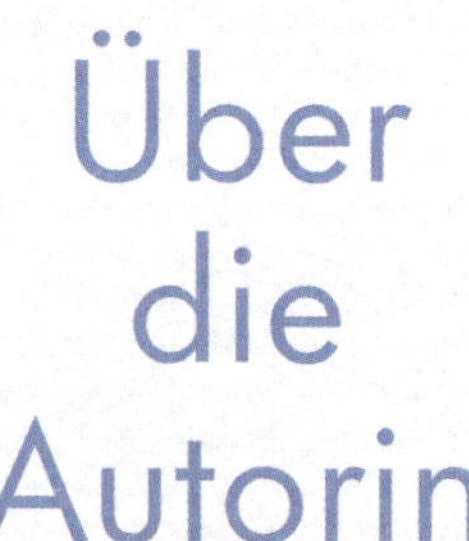

Über die Autorin

Foodbloggerin und Bestsellerautorin Tanja Gruber ist selbst von Kindesbeinen an Zöliakiebetroffene. Die Diagnose erhielt sie allerdings erst im Alter von 22 Jahren – nach einer schier endlosen Ärzte-Odyssee.

Die begeisterte Köchin und Bäckerin führt im mittelfränkischen Herrieden ein Ladengeschäft mit ausschließlich glutenfreien Produkten. Zudem veranstaltet sie in ihrem Heimatort jährlich rund 30 Kurse für glutenfreies Kochen und Backen, die sich großer Beliebtheit erfreuen und stets ein Jahr im Voraus ausgebucht sind. Unter der Marke „Tanjas Backliebe" hat Tanja Gruber ihre liebsten Mischungen für Brötchen und Brote auch marktreif gemacht (erhältlich im Onlineshop FoodOase).

Auf **www.rezepte-glutenfrei.de** findet sich „Tanja's glutenfreies Kochbuch" mit über 650 Rezepten. Die Website zählt zu den bekanntesten Plattformen für glutenfreie Gerichte im deutschsprachigen Raum. Seit Juli 2020 gibt es auch eine entsprechende App mit dem Namen „Tanjas glutenfreie Rezepte". Und in der Facebook-Gruppe „Tanjas Backliebe" steht die Autorin betroffenen Personen gerne mit Rat und Tat zur Seite.

Liebe Leserin, lieber Leser,
hat Ihnen dieses Buch gefallen? Dann freuen wir uns über Ihre Weiterempfehlung!
Erzählen Sie in Ihrem Freundeskreis davon, in Ihrer Buchhandlung oder bewerten Sie das Buch online.
Wollen Sie weitere Informationen zum Thema? Möchten Sie mit der Autorin in Kontakt treten?
Wir freuen uns auf Austausch und Anregung unter leserstimme@styriabooks.at

Inspiration, Geschenkideen und gute Geschichten finden Sie auf **www.styriabooks.at**

STYRIA
BUCHVERLAGE

ISBN 978-3-7088-0805-5

Bücher aus der Verlagsgruppe Styria gibt es
in jeder Buchhandlung und im Online-Shop
www.styriabooks.at

Covergestaltung: Magda Rawicka, magda-raw.com
Layout, Satz: Magda Rawicka, magda-raw.com
Illustrationen: Magda Rawicka, magda-raw.com; heritagetype.com
Lektorat: Heidi Hölbling
Fotos: Frauke Antholz
Projektleitung: Jasmin Parapatits
Herstellung: Maria Schuster

Druck und Bindung: Neografia
Printed in the EU
7 6 5 4 3 2 1